高职高专经济管理类核心课程校企合作特色教材

国家示范性高职院校重点规划教材

统计学原理与技能训练（第三版）

PRINCIPLES AND SKILL TRAINING OF STATISTICS

主　编 ◎ 杨鑫慧

副主编 ◎ 高福东　郭清兰

参　编 ◎ 包微微　李贤凤

主　审 ◎ 鞠永红

上海财经大学出版社

图书在版编目(CIP)数据

统计学原理与技能训练/杨鑫慧主编．—3版．—上海：上海财经大学出版社，2016.7

(高职高专经济管理类核心课程校企合作特色教材)

国家示范性高职院校重点规划教材

ISBN 978-7-5642-2375-5/F·2375

Ⅰ.①统… Ⅱ.①杨… Ⅲ.①统计学-高等职业教育-教材 Ⅳ.①C8

中国版本图书馆CIP数据核字(2016)第039291号

□ 责任编辑 张美芳
□ 封面设计 韩庆熙

TONGJIXUE YUANLI YU JINENG XUNLIAN

统计学原理与技能训练

(第三版)

主　编 杨鑫慧
副主编 高福东 郭清兰
参　编 包微微 李贤凤
主　审 鞠永红

上海财经大学出版社出版发行
(上海市武东路321号乙 邮编200434)
网　址：http://www.sufep.com
电子邮箱：webmaster @ sufep.com
全国新华书店经销
同济大学印刷厂印刷
上海叶大印务发展有限公司装订
2016年7月第3版 2016年7月第1次印刷

787mm×1092mm 1/16 11.25印张 288千字
印数：12 001—16 000 定价：32.00元

前　言

我国高职高专教育在国家扶持和社会需求的双重推动下进入高速发展时期，人们对高职高专教育的重要性有了新的认识。《统计原理与技能训练》(第二版)是根据教育部高职高专院校专业基础教学基本要求及高职高专的教育目标，总结一线教师多年教学经验，坚持以“理论学习与技能培养并重”为原则，听取不同院校的使用意见、要求，经多次修改编写而成。在内容选择上，从高职高专学生的特点出发，实用性更为突出，使学生学习操作更为便捷。在写法及整体风格上，力求层次分明、深入浅出、学以致用、通俗易懂。

本书可作为高职高专财经类专业的统计基础教材，也可作为相关专业人员的工具书及有关经营管理部门培训的主要参考资料。

本书由黑龙江职业学院杨鑫慧任主编，黑龙江省统计局高福东和黑龙江职业学院郭清兰任副主编，包微微和李贤凤任参编。其中第五章、第六章、第九章由杨鑫慧编写，第一章、第七章、第八章由高福东编写，第二章和第三章由郭清兰编写，第四章由包微微和李贤凤编写。全书由鞠永红担任主审。

本书在编写过程中得到了张振和、吴艳秋、闫晓波、张丽静、许红、刘鹏、王梦等广大同仁的帮助和支持，在此一并表示感谢。由于编者时间和水平有限，书中难免出现错误和不足，敬请广大读者和同仁不吝指正。

编　者

2016 年 1 月

目 录

前言/1

第一章　总论/1
学习目标/1
案例引导/1
第一节　统计研究的对象、特点和作用/2
第二节　统计的工作过程及研究的基本方法/4
第三节　统计学中的基本概念/7
本章小结/9
技能训练/10

第二章　统计设计和统计调查/13
学习目标/13
案例引导/13
第一节　统计设计的概念和内容/14
第二节　统计调查的意义/16
第三节　统计调查方案/20
第四节　统计调查误差及其防止/22
本章小结/23
技能训练/24

第三章　统计整理/27
学习目标/27
案例引导/27
第一节　统计整理的意义和步骤/28
第二节　统计分组/29
第三节　分配数列/32
第四节　统计表/38
本章小结/41
技能训练/42

第四章　总量指标和相对指标/47
学习目标/47
案例引导/47
第一节　总量指标/48
第二节　相对指标/50
第三节　计算和运用相对指标应注意的问题/56
本章小结/57
技能训练/57

第五章　平均指标和变异指标/62
学习目标/62
案例引导/62
第一节　平均指标的概念和作用/63
第二节　算术平均数/64
第三节　调和平均数/68
第四节　几何平均数/71
第五节　众数和中位数/72
第六节　应用平均指标应注意的问题/75
第七节　标志变异指标/77
本章小结/83
技能训练/84

第六章　动态数列分析/88
学习目标/88
案例引导/88
第一节　动态数列的意义和种类/88
第二节　动态数列的水平指标/91
第三节　动态数列的速度指标/97
第四节　动态数列趋势分析和预测/100
本章小结/106
技能训练/107

第七章　统计指数/111
学习目标/111
案例引导/111
第一节　统计指数概述/111
第二节　综合指数/113
第三节　平均指数/117
第四节　指数体系和因素分析/122
本章小结/127

技能训练/128

第八章　抽样调查/134
学习目标/134
案例引导/134
第一节　抽样调查概述/134
第二节　抽样误差/143
第三节　总体指标的推断/146
第四节　必要抽样数目的确定/147
本章小结/148
技能训练/149

第九章　相关分析与回归分析/152
学习目标/152
案例引导/152
第一节　相关分析的一般问题/153
第二节　简单线性相关分析/155
第三节　回归分析/158
本章小结/164
技能训练/164

参考文献/170

第一章

总　论

【学习目标】

1. 熟悉统计学的研究对象和研究方法；
2. 了解统计学研究过程及作用；
3. 掌握统计总体、单位、标志、指标、变量、指标体系等基本概念。

【案例引导】

刘阳是一名大二学生，平日关心时事。2015 年 10 月的一天，他拿着一份刊登了《新常态　新战略　新发展——“十二五”时期我国经济社会发展成就斐然》的报纸，其中一部分内容是我国“十二五”期间国民经济和社会发展的回顾：进入“十二五”时期，我国经济增长保持中高速。2011～2014 年，国内生产总值年均增长 8.0%。具体表现为：

经济总量稳居世界第二位。2011～2014 年对世界经济增长的贡献率超过四分之一。人均国内生产总值稳步提高，2014 年，我国人均国内生产总值46 629元，扣除价格因素，比 2010 年增长 33.6%，年均实际增长 7.5%。根据世界银行数据，我国人均国民总收入由 2010 年的4 300美元提高至 2014 年的7 380美元，在上中等收入国家中的位次不断提高。

经济结构明显改善，服务业成为第一大产业。2012 年，我国第三产业现价增加值占国内生产总值的比重上升到 45.5%，首次超过第二产业成为国民经济第一大产业。2014 年，第三产业比重上升到 48.1%，比 2010 年提高 3.9 个百分点，2015 年上半年进一步上升到 49.5%。

国家财政实力明显增强。2011 年，我国公共财政收入突破 10 万亿元大关，2014 年超过 14 万亿元，比 2010 年增长 68.9%，年均增长 14.0%。

企业利润、居民收入持续增长。2014 年，规模以上工业企业实现利润总额68 155亿元，比 2010 年增长 28.5%，年均增长 6.5%。2011～2014 年，扣除价格因素，城镇居民、农村居民人均可支配收入年均实际分别增长 7.9%、10.1%。2014 年，全国居民人均可支配收入已达到20 167元，比上年增长 8.0%，比 GDP 增速快 0.7 个百分点；2015 年上半年，全国居民人均可支配收入增长7.6%，继续快于经济增长。

农业基础进一步巩固。2014年，粮食总产量取得历史性突破，达到60 703万吨，比2010年增长11.1%，年均增长2.7%，实现“十一连增”。近年来，我国谷物、肉类、籽棉、花生、茶叶、水果等农产品产量稳居世界第一位。

刘阳很想知道为什么要公布这样一些数据？应该如何理解这些数据？

第一节　统计研究的对象、特点和作用

一、统计与统计学的含义

统计作为一种社会实践活动，已有悠久的历史。可以说，自从有了国家就有了统计实践活动。最初统计只是为统治者管理国家的需要而搜集资料，弄清国家的人力、物力、财力。在古代巴比伦、古埃及和古罗马就有了人口和资源数量的详细记载。

我国古代，统计仅仅具有数字总计的意思，就这个含义而言，统计在我国已有四五千年的历史了。据历史记载，我国夏禹时代（公元前两千多年）就有人口数量的记录，为了赋税徭役和兵役的需要，历代都有田亩、户口的记录。

“统计”最早是在德国当作学名使用的。1660年，德国在大学开设“国势学”课程，对各国情况进行比较叙述。当这门课传到哥丁根大学政治学教授阿痕瓦尔手中时，他于1749年为这门“国势学”定了一个新名词“统计”。早期统计学的学派之一，“政治算术学派”的创始人威廉·配第和约翰·格朗特，首先在其著作中使用统计数字和图表等方法来分析研究社会、经济和人口现象，这不仅为人们进一步认识社会提供了一种新的方法和途径，也为统计学的发展奠定了基础。“统计”一词，约在20世纪初才由日本传入我国。

现今，“统计”一词已被人们赋予多种含义，因此很难给出一个简单的定义。在现实生活中，在不同的场合，提到“统计”一词时常具有不同的含义，我们将统计的含义概括为统计工作、统计资料和统计科学。

统计工作，即统计实践，是指根据科学的方法从事统计设计、搜集、整理、分析研究和提供各种统计资料及统计咨询意见的活动总称，其成果是统计资料。

统计资料，是统计工作活动过程中所获得的各种有关数字资料以及与之相联系的其他资料的总称。

统计学，即统计理论，是一门收集、整理和分析统计数据的方法科学，其目的是探索数据的内在数量规律性，以达到对客观事物的科学认识。

三者之间有着密切联系。统计工作的成果是统计资料，包括最初的调查资料、次级资料以及经过加工整理和分析研究而形成的周密系统的资料。统计科学是统计工作实践经验的理论概括和科学总结，它来源于统计实践，又高于统计实践，反过来又指导统计实践。

二、统计研究的对象和特点

一般来说，统计既可以研究自然现象，也可以研究社会经济现象，本书侧重于研究社会经济现象。社会经济现象包括自然现象以外的社会政治、经济、文化、人民生活等领域的各种现象。统计研究对象是大量社会经济现象总体的数量方面，即以统计资料为依据具体说明社会

经济现象总体的数量特征、数量关系及数量界限。所以,这里所说的数量方面是指社会经济现象的规模、水平、结构、速度、比例关系、普遍程度等。

统计以社会经济现象为其研究领域,具有自己的特点。归纳起来可概括成如下四个特点:

(一)数量性

统计的研究对象是社会经济现象的数量方面,数量性特点具体包含三个方面的内容:

1. 数量特征

包括社会经济现象的规模、大小、水平等。

2. 数量关系

即社会经济现象的内部结构、比例关系、相关关系等。

3. 数量界限

即引起社会经济现象质变的数量。如食品安全检验中,防腐剂用量合格与不合格有质的差别,根据国家标准,在泡菜中苯甲酸钠这种防腐剂的含量不得超过万分之五,这万分之五就是量变与质变的界限。

(二)总体性

统计研究的对象不是个体现象的数量方面,而是由许多个体现象构成的总体的数量方面。例如,国家统计局发布的报告显示,2011 年 4 月份,我国居民消费价格总水平同比上涨 5.3%,环比上涨 0.1%,涨幅比上个月回落 0.1 个百分点。这个数量反映的是多种消费品及服务项目价格总的平均上涨水平,而不是指哪一种具体消费商品或服务项目的价格上涨水平。而要对这些消费商品及服务项目的价格上涨情况进行调查,就必须先对每一种个别消费商品及服务项目的价格情况进行调查,从而达到对这些消费商品及服务项目价格的总体认识。由于社会经济现象错综复杂,每个个体现象所处条件不同,它们既受共同因素的影响,又受某些个别的、偶然的因素影响。因此,个体现象的数量特征和变动趋势是难以说明社会经济现象总体的本质和规律的。只有以社会经济现象的总体为研究对象,即以构成总体的全部或足够多数的个体现象为研究对象,才能消除偶然因素的影响,正确地揭示出社会经济现象的本质和规律性。但是,总体是由个体所构成的,要认识社会经济现象总体,就必须从调查了解个体现象的情况开始,从个体到总体。

(三)具体性

统计所研究对象的数量是具体事物的数量方面,不是抽象的量,因此,社会经济统计具有具体性的特点。统计所研究的量是具体事物在具体时间、地点和条件下的数量表现,它总是和现象的质密切结合在一起的。例如,2014 年我国的钢产量为 11.26 亿吨,全国粮食总产量为 60 710万吨,原煤产量为 38.7 亿吨,原油产量为 2.10 亿吨等,显然不是抽象的量,而是我国在 2014 年这一具体条件下钢、粮食、原煤、原油生产的数量表现。具体性也是统计和数学的重要区别,数学所研究的量是抽象的量,两者有着明显区别,但统计方法往往借鉴数学方法。

(四)客观性

统计资料是人们有意识地进行调查、整理、分析的结果,但在统计工作中必须遵循实事求是的原则,反映事物的本来面目,保证统计资料真实、可靠、客观。在实际统计工作中,由于存在着全局利益和局部利益、集体利益和个体利益的矛盾,有时会影响到统计数字的真实性。为了充分发挥统计的作用,我们必须充分认识统计的客观性特点,切实维护统计数字的准确性和科学性。

三、统计的作用

统计的特点决定它在社会认识的活动中有着极为重要的作用。

(一)统计是认识世界、获取有用信息的主要手段

人们当今生活的世界是广泛运用统计数据的世界,是信息的时代。现代社会愈发展、科学技术愈进步,对获取大量的、灵敏的、可靠有用的信息的需求就愈加迫切。可以说,统计已进入一切社会领域。统计以它自己特有的观察和分析研究方法,如实而具体地反映社会经济现象各个领域的情况,帮助人们认识世界。例如,一种新药只有依靠大量临床服用的反馈数据及应用正确统计方法,才能确定其疗效的高低;国家经济的发展是否存在比例失调以及经济效益好坏的确定,都有赖于大量统计资料和统计方法的正确应用。这些充分说明,人们要更好地认识世界就必须借助于统计这一工具。另外,统计信息更是社会经济信息的主题,商品生产与交换愈发展,经济越开放,就越需要有健全、发达的现代化统计工作,以便及时地调查、分析和提供准确、丰富的统计数据,作为人们进行生产经营活动和科学研究的向导。

(二)统计是制定计划、政策及实行宏观调控的依据

统计可以提供有关国民经济运行方面的全方位信息,这也使得其成为制定计划、政策及实行宏观调控的主要依据。在我国,对国民经济和社会发展仍须实行一定的计划管理,从基层单位直到整个社会都要制定计划,以指导经济建设和文化教育事业的发展。这就必须以正确的统计资料为依据,使计划工作建立在科学可靠的基础上。同时,各级党政领导机关在制定政策、方针时,都必须根据具体情况,从实际出发,做到"心中有数"。如果离开了对实际情况的了解,想当然地制定政策,其后果是不可想象的。计划制定后还要进行监督、检查、搞好经济预测、进行宏观调控,这些也要以统计为依据。

(三)统计还兼具管理与监督作用

管理的一项重要任务是科学决策,而科学决策离不开统计的数据,因为统计资料是管理进行定量分析的基础。在我国,管理现代化是实现现代化的关键。没有现代化的管理,现代化就难以实现。而统计是加强宏观管理和决策的必不可少的一种手段,是管理科学化、现代化的基础,也是对计划执行情况实行监督和检查的有效工具。统计监督体现在两方面:一是通过统计调查、统计分析和统计预测,指出社会经济生活中存在的问题,揭露矛盾,提出建议,供各级领导决策和采取措施时参考。这实际上也是一种高层次的服务,服务之中有监督;二是对虚报、瞒报统计数字,伪造、篡改统计资料的违法行为进行监督。

帮你学

统计学与数学关系密切,但又有本质的区别。两者都是研究数量规律的,都与数打交道,但数学研究抽象的数量规律,统计学则研究具体的、实际现象的数量规律。数学研究的是抽象的数,而统计学研究的是有具体实物或计量单位的数据。

第二节　统计的工作过程及研究的基本方法

一、统计工作的过程

统计工作是运用各种统计特有的方法对社会经济现象进行调查研究,以认识其本质和规律性的一种认识活动。统计认识活动就一般意义上说,也和其他认识活动一样,是一个由感性认识到理性认识的辩证过程,是一个不断深化的无止境的长过程,随着客观事物的不断发展变化,统计认识活动也要不断进行。一个完整的统计工作过程一般可分为统计设计、统计调查、统计整理和统计分析四个阶段。

(一)统计设计

统计设计是指根据统计研究对象的性质和研究目的,对统计工作的各个方面和各个环节的通盘考虑和安排。统计设计的结果表现为各种标准、规定、制度、方案和办法,如统计分类标准、目录、统计指标体系、统计报表制度、统计调查方案、普查办法、统计整理或汇总方案等。统计设计的主要内容有:统计指标和指标体系的设计、统计分类和分组的设计、表现统计资料形式(统计表、统计图)的设计、统计资料搜集方法的设计、统计工作各个部门和各个阶段的协调与联系、统计力量的组织与安排等。

统计设计在统计工作中具有决定性的作用。因为统计工作是一项质量要求高、标准规定统一、科学性又很强的工作,无论是统计总体范围、统计指标的口径和计算方法,还是统计分类和分组的标准,都必须统一,绝不允许各行其是。因此,只有事先进行设计,才能做到统一认识、统一步骤、统一行动,使整个统计工作有秩序地、协调地进行,保证统计工作的质量。

(二)统计调查

统计调查,即统计资料的搜集,它是根据统计方案的要求,采用各种调查组织形式和调查方法,有组织、有计划地对所研究总体的各个单位进行观察、登记,准确、及时、系统、完整地搜集原始资料的过程。

统计调查是统计认识活动由初始定性认识过渡到定量认识的阶段,这个阶段所搜集的资料是否客观、周密、系统,直接关系到统计整理的好坏,关系到统计分析结论是否正确,决定统计工作的质量,所以是整个统计工作的基础。

(三)统计整理

统计整理是根据统计研究的目的,对调查阶段搜集的原始资料,按照一定标志进行科学的分组和汇总,使之条理化、系统化,将反映各个单位个别特征的资料转化为反映总体和各组数量特征的综合资料的工作过程。

统计整理是统计工作的一个中间环节,是使我们对社会经济现象的认识,由对个体的认识过渡到对总体的认识,由感性认识上升到理性认识的必经阶段,是统计调查的必然继续,又是统计分析的必要前提。

(四)统计分析

统计分析是指对经过加工整理的统计资料,应用各种统计分析方法,从静态和动态两方面进行基本的数量分析,认识和揭示所研究的现象的本质和规律性,做出科学的结论,进而提出建议和进行预测的活动过程。统计分析是统计工作的最后阶段,也是统计发挥信息、咨询和监督职能的关键阶段。

统计工作过程上述四个阶段各有自己的特定内容和作用。一般来说,是依先后次序进行的。它们是相互联系、相互制约的整体,任何一个阶段的工作失误都会影响整个工作的顺利进行。为了保证从整体上取得良好效果,在某些情况下,因工作需要,各阶段工作要相互渗透、交叉进行。例如,有时为保证质量,在调查、整理阶段进行一些必要的分析,或者改进设计;或者,在统计分析中因为已有资料不能满足需要,而进行一些必要的补充调查、加工整理和计算工作，补充、改进设计方案等。

统计的研究对象是社会经济现象总体的数量方面，目的是认识其本质和规律性。因此，整个统计工作的过程必须正确处理质与量的辩证关系、感性认识与理性认识的关系、定性分析与定量分析的关系。统计设计是对社会经济现象进行定性认识的工作，是定量认识的必要准备；统计调查和统计整理是搜集、整理统计资料，使个体特征过渡到总体特征的定量认识工作，是整个统计工作的基础和关键环节；统计分析则是运用统计方法对资料进行比较、判断、推理、评价，揭示社会经济现象的本质和规律性的重要阶段。这四个阶段体现了在质与量的辩证统一中研究社会经济现象总体数量方面的原则要求。所以，在实践中，必须正确处理它们各自的任务和关系，以达到预期的目的。

二、统计的研究方法

统计的方法很多，但归纳起来，主要有大量观察法、分组法、综合指标法和模型法。

（一）大量观察法

大量观察法是统计的基本方法之一，是指对被研究事物足够多的单位观察、分析，以反映总体特征的一种统计方法。例如，通过在十字路口观察交通流量，调整某一方向交通信号灯时间的长短。在我国统计实践中，大量观察法被广泛运用于各种基本的、必要的统计报表、普查、重点调查和抽样调查等。这些都是对总体进行大量观察，以保证从整体上认识事物。

（二）分组法

根据所研究对象总体的特点和统计研究的任务，按照一定的标志，把所研究的现象总体划分为不同性质或类型的组，这种方法在统计上称为统计分组法。例如，在研究某种毒素对老鼠心脏的影响时，要将实验用鼠分为正常组和实验组，为了研究的需要还要将实验组进一步分为不同剂量组，以便研究不同剂量对老鼠心脏的影响程度。一般来说，统计调查离不开分组；统计资料加工整理中，分组是关键环节；统计分析中综合指标的应用更是要建立在统计分组的基础之上，没有科学的分组，要制定正确的指标体系也是不可能的。这些都说明了统计分组法在整个统计工作过程中的重要意义。

（三）综合指标法

所谓综合指标法，是指利用各种综合指标对社会经济现象数量方面进行综合、概括和分析的方法，它是统计分析的基本方法之一。在统计分析中，广泛运用总量指标分析法、相对指标分析法、平均指标分析法、变异指标分析法、动态分析法、指数分析法、相关分析法等等，可综合地反映社会经济现象的规模水平、比例关系、发展速度等，使我们对所研究的事物有一个深入的认识。在大量观察和分组基础上计算的综合指标，基本排除了总体中个别偶然因素的影响，反映出普遍的、决定性条件的作用结果。

（四）模型法

模型法是根据一定的经济理论和假定条件，用数学方程去模拟现实经济现象相互关系的一种研究方法。利用这种方法，可以对社会经济现象和过程中存在的数量关系进行比较完整和近似的描述，从而简化了客观存在的复杂的其他关系。这种方法是在前三种研究方法的基础上，进一步系统化和精确化的发展。

统计工作的各个阶段，虽然各自运用不同的统计研究方法，但它们之间不是孤立进行的。因此，在运用统计研究方法时，还必须注意要根据实际情况，按照需要与可能，分别采用不同的统计方法；要善于把多种统计方法结合运用，相互补充。

帮你学

1. 古老的大量观察法已经发现了新生婴儿的男、女性别比是 107 比 100。

2. 利用分组法对吸烟和不吸烟者患肺癌的数据进行分析，得出吸烟是导致肺癌的原因之一。

第三节　统计学中的基本概念

一、统计总体与总体单位

统计为正确认识客观现象，必须从总体角度进行观察，这就产生了统计总体的概念。总体是由客观存在的、具有某种共同性质的许多个别事物组成的集合体。构成总体的个别事物就是总体单位，简称单位。

例如，我们要研究某地职工的生活状况，该地的所有职工就是总体，每名职工就是总体单位。这些个别职工的共同性只有一个，即都是该地区的职工。我们要研究全国的大型国有企业发展状况时，总体就是所有的大型国有企业，而每个大型国有企业就是总体单位。这些个别企业的共同性有三个:企业，大型企业，而且还是国有的。可见，构成总体的这些总体单位至少在某一方面性质相同，即总体具有同质性。同质性是构成统计总体的必要条件。另外构成总体的这些总体单位除了至少在某一方面性质相同外，在其他方面也应存在差异，即总体具有变异性。变异性是统计研究的主要内容。

二、标志与指标

标志是说明总体单位特征的名称，可分为品质标志和数量标志两种。品质标志表示事物质的特征，是不能用数值表示的，如教师的性别、民族、职称等。品质标志通常在标志名称之下表明质的属性。如某教师的性别是女、民族为汉族，这时“女”“汉族”是表明标志名称“性别”和“民族”的质的属性。数量标志则表示事物的量的特征，是可以用数值表示的，如学生的“身高”“体重”“年龄”等。它的具体表现是在数量标志的名称之后表明它的具体数值是多少。例如，某学生身高 1.75 米、体重 50 千克、年龄为 18 岁，这里该学生“1.75 米”“50 千克”“18 岁”，分别是数量标志身高、体重和年龄的具体数量表现。

标志表现是指标志在各总体单位中的具体表现。标志表现分为品质标志表现和数量标志表现。例如，性别是品质标志，其特征只能用文字来表现，表现为男或女，男或女是品质标志表现。教师职称是品质标志，其特征表现为教授、副教授、讲师、助教等，教授、副教授、讲师、助教都是品质标志表现。年龄是数量标志，具体表现为 19 岁、20 岁、21 岁等，学习成绩是数量标志，具体表现为 60 分、80 分、90 分等，19 岁、20 岁、21 岁、60 分、80 分、90 分都是数量标志表现，数量标志表现是可以用数值来表现的，故又称为标志值。

在同一总体中，总体单位所具有的各种标志，就其标志表现看，有的相同，有的不同。标志表现都相同的标志，称为不变标志；标志表现不完全相同的标志，称为可变标志。如在 50 岁教授的总体中，年龄、职称是不变标志，性别、身高、体重等是可变标志。不变标志是个别事物(单位)得以结合起来形成总体的条件。可变标志则是进行统计分组和研究总体的数量特征、数量关系及数量界限的基础。

统计指标简称指标，是说明现象总体数量特征的概念或数值。例如，我国 2014 年国内生产总值为 63.64 万亿元，年末全国总人口为13.67亿人。这里的国内生产总值和年末全国总人口为指标名称，63.64 万亿元和13.67亿人是指标的具体数值。

一项完整的统计指标应该由时间、空间、指标名称、指标数值和计量单位等构成。例如，2010 年我国粮食产量54 641万吨，这一指标就时间、空间指标名称、指标数值和计量单位作了具体的规定。但需要注意的是，有时也将指标名称和指标数值作为统计理论研究中的指标概念。

统计指标按其表现形式不同，可以分为总量指标、相对指标和平均指标。

总量指标是反映社会经济现象规模、水平或总量的指标，其数值表现为绝对数。相对指标是表明两个有联系的统计指标数值之比，是反映数量关系的指标，其数值表现为相对数。平均指标是同质总体内标志总量与总体单位数相除的结果，是表明总体各单位标志值的一般水平的指标。统计指标按其说明的总体现象的内容不同，可以分为数量指标和质量指标。数量指标是反映社会经济现象的规模大小或数量多少的统计指标，一般表现为总量指标、绝对数，如人口数、企业数、商品销售额等。质量指标是说明总体性质和数量关系，表明总体的内部构成、比例、发展变化速度和一般水平的指标，一般表现为相对指标和平均指标，其数值表现为相对数和平均数，如人口的性别构成、出生率、死亡率、人口密度、职工平均工资、单位面积粮食产量等。

统计指标的数值来源于数量标志表现。如以全班学生为总体，每个学生是总体单位，学生的学习成绩是标志，具体成绩是数量标志表现，将全班学生的成绩进行平均，得到的平均成绩即统计指标。

标志和指标是两个既有区别又有联系的概念。两者的主要区别是：(1)标志是说明总体单位特征的，而指标是说明总体特征的；(2)标志有不能用数值表示的品质标志与能用数值表示的数量标志，然而不论什么指标，都是用数值表示的。标志与指标的主要联系是：(1)有些统计指标的数值是从总体单位的数量标志值汇总得到的。(2)在一定的研究范围内指标和数量标志之间存在着变换关系，当研究目的改变，原来的总体如果变为总体单位，则相应的统计指标就变为数量标志了；反之亦然。

三、变量和变量值

一般来说，变量就是可变的数量标志，“可变”如何理解呢？例如，某班学生的年龄不可能都一样，年龄这一数量标志就是一个变量，当研究的对象都是年龄为 20 岁的学生时，年龄虽然也是数量标志，但因为每个学生的年龄相同，所以，这里的年龄就不是变量。变量的数值表现就是变量值。例如，工人的月工资额表现有 650 元、700 元、780 元、890 元、970 元、1 200元、1 500元等，就是变量值。

变量值按其取值连续与否分为连续变量与离散变量两种。在一定区间内可任意取值的变量叫连续变量，其数值是连续不断的，相邻两个数值可作无限分割，即可取无限个数值。例如，生产零件的规格尺寸、人体测量的身高、体重、胸围等为连续变量，其数值只能用测量或计量的方法取得。离散变量是指变量值只能是整数而不会出现小数，即当取小数的时候，变量就失去经济含义。例如，各企业职工人数、设备台数、学校数、医院数等，其取值不会有小数，这类变量就属于离散变量。

四、指标体系

社会经济现象是一个多方面相互联系的复杂总体。这个复杂总体表现出许多不同的特征，单靠个别指标只能反映总体的某一方面特征和侧面，要完整地反映并描述一个复杂总体，就必须把一系列相互联系的指标结合起来运用。

指标体系是由若干个相互联系、相互补充的指标所构成的整体，用以说明所研究的社会经济现象各方面相互依存和相互制约的关系。一个指标只能表示社会经济现象某一总体特征或某一侧面的情况。要全面地、系统地反映社会经济现象总体各方面的数量特征，就必须设计科学的指标体系。例如，工业企业的生产经营过程，既是一个产品效益的产出过程，也是一个人力、物力和财力的占用和消耗过程，要完整反映这一整体运动，就需要设置一系列的指标，包括反映各种占用和消耗的指标，如固定资产原值、资金占用额、职工人数、生产成本等；反映劳动成果的指标，如产品产量、总产值、增加值等；反映经营效益的指标，如利润额、资本金利润率等。从而形成了较完整的工业企业指标体系。

因为统计指标体系是由一系列相互联系的统计指标组成的整体，所以，统计指标体系具有成套性特点，不是单个指标的简单组合。统计指标体系还具有适用性特点，即统计指标体系不脱离实际，而是切合实际需要，与统计任务要求相适应。它并非繁多指标的随意结合，而是根据统计任务需要建立的。

帮你学

当研究目的和任务发生变化时，原来的总体可能变为单位，相应的指标可能变为标志；反之亦然。

本章小结

1. 统计的含义。统计一词在不同场合有三种含义，即统计工作、统计资料和统计学。这三种含义形成两种关系，即统计工作与统计资料是统计活动与统计成果的关系，统计工作与统计学是统计实践与统计理论的关系。

2. 统计研究的对象。统计研究的是大量社会经济现象总体的数量方面。统计研究具有数量性、总体性、具体性和客观性的特征。

3. 统计研究过程。一个完整的统计工作过程一般可以分为统计设计、统计调查、统计整理和统计分析四个阶段。

4. 统计研究的基本方法。主要有大量观察法、分组法、综合指标法和模型法。

5. 统计学中的基本概念：

(1)总体与总体单位。统计总体是指客观存在的、在相同性质的基础上结合起来的许多个别事物的全体，简称为总体。构成总体的个别事物称为总体单位，简称单位。

(2)标志与指标。标志是说明总体单位特征的名称。指标是说明现象总体数量特征的概念或数值。

(3)按统计指标说明的总体现象的内容不同，可以分为数量指标和质量指标；按统计指标的表现形式不同，可以分为总量指标、相对指标和平均指标；

(4)指标体系。指标体系是各种相互联系的指标所构成的整体，用以说明所研究的社会经济现象各方面相互依存和相互制约的关系。

技能训练

一、单项选择题

1. 统计总体的同质性是指(   )。

A. 总体各单位具有某一共同的品质标志或数量标志

B. 总体各单位具有某一共同的品质标志属性或数量标志值

C. 总体各单位具有若干互不相同的品质标志或数量标志

D. 总体各单位具有若干互不相同的品质标志属性或数量标志值

2. 设某地区有 700 家独立核算的工业企业,要研究这些企业的产品生产情况,总体单位是(   )。

A. 全部工业企业　　B. 700 家工业企业

C. 每一件产品　　D. 700 家工业企业的全部工业产品

3. 要了解全国的人口情况,总体单位是(   )。

A. 每个省的人　　B. 每一户　　C. 全国总人口　　D. 每个人

4. 有 100 家公司每位职工的工资资料,如果要调查这 100 家公司的工资水平情况,则统计总体为(   )。

A. 100 家公司的全部职工　　B. 100 家公司

C. 100 家公司职工的全部工资　　D. 100 家公司每个职工的工资

5. 要了解某班 40 个学生的学习情况,则总体单位是(   )。

A. 全体学生　　B. 40 个学生的学习成绩

C. 每一个学生　　D. 每一个学生的学习成绩

6. 设某地区有 25 家生产玩具的企业,要研究它们的产品生产情况,总体是(   )。

A. 每一家企业　　B. 所有 25 家企业　　C. 每一件玩具　　D. 所有企业生产的玩具

7. 一个统计总体(   )。

A. 只能有一个标志　　B. 可以有多个标志　　C. 只能有一个指标　　D. 可以有多个指标

8.统计的数量性特征表现在(   )。

A. 它是一种纯数量的研究

B. 它是从事物量的研究开始,来认识事物的质

C. 它是从定性认识开始,以定量认识为最终目的

D. 它是在质与量的联系中,观察并研究现象的数量方面

9. 以产品等级来反映某种产品的质量,则该产品等级是(   )。

A. 数量标志　　B. 数量指标　　C. 品质标志　　D. 质量指标

10. 某工人月工资为1 582元,工资是(   )。

A. 品质标志　　B. 数量标志　　C. 变量值　　D. 指标

11. 在调查设计时,学校作为总体,每个班作为总体单位,各班学生人数是(   )。

A. 变量　　B. 指标　　C. 变量值　　D. 指标值

12. 某班四名学生金融考试成绩分别为 80 分、85 分、88 分和 90 分,这四个数字是(   )。

A. 标志　　B. 指标值　　C. 指标　　D. 变量值

13. 年龄是(   )。

A. 变量值　　B. 离散型变量

C. 连续型变量,但在应用中常按离散型变量处理　　D. 连续型变量

14. 工业企业的职工人数、职工工资是(   )。

A. 连续型变量　　B. 离散型变量
C. 前者是连续型变量，后者是离散型变量　　D. 前者是离散型变量，后者是连续型变量

15. 质量指标是在数量指标基础上对总体内部数量关系和状况的反映。因此根据较大总体计算的质量指标与较小总体范围内计算的质量指标相比，前者(　　)。
A. 一定大于后者　　B. 一定等于后者
C. 一定小于后者　　D. 可能大于后者也可能小于后者

16. 总体的变异性是指(　　)。
A. 总体之间有差异　　B. 总体单位之间在某一标志表现上有差异
C. 总体随时间变化而变化　　D. 总体单位之间有差异

17. 统计工作的成果是(　　)。
A. 统计学　　B. 统计工作　　C. 统计资料　　D. 统计分析和预测

18. 统计学与统计工作的关系是(　　)。
A. 工作与结果的关系　　B. 理论与应用的关系　　C. 工作与经验的关系　　D. 理论与实践的关系

19. 下列指标中属于质量指标的是(　　)。
A. 社会总产值　　B. 产品总成本　　C. 产品合格率　　D. 人口总数

20. 了解某地区工业企业职工情况，属于统计指标的是(　　)。
A. 该地区工业企业每名职工的工龄　　B. 该地区工业企业职工的文化程度
C. 该地区工业企业职工的工资总额　　D. 该地区工业企业职工从事的工种

二、多项选择题

1. 全国第六次人口普查中(　　)。
A. 全国人口数是统计总体　　B. 总体单位是每一个人
C. 全部男性人口数是统计指标　　D. 人口的性别比是总体的品质标志
E. 人的年龄是变量

2. 下列各项中，属于连续型变量的有(　　)。
A. 基本建设投资额　　B. 岛屿个数
C. 国民生产总值中三次产业比例　　D. 居民生活费用价格指数
E. 就业人口数

3. 下列指标中，属于数量指标的有(　　)。
A. 国民生产总值　　B. 人口密度　　C. 全国总人口数　　D. 投资效果系数
E. 工程成本降低率

4. 下列标志中，属于品质标志的有(　　)。
A. 工资　　B. 所有制　　C. 旷课次数　　D. 耕地面积
E. 产品质量

5. 在人口普查时，全国总人口这一总体是(　　)。
A. 有限总体　　B. 无限总体　　C. 可相加总体　　D. 不可相加总体
E. 既是大总体又是小总体

6. 在全省总人口这一总体下，一个市的人口是(　　)。
A. 总体单位　　B. 大总体　　C. 小总体　　D. 有限总体
E. 可相加总体

7. 要了解某市所有工业企业的产品情况，那么(　　)。
A. 总体单位是每个企业　　B. 总体单位是每件产品
C. 产品产量是个不可相加的总体　　D. 全部产品是个有限总体
E. 每个企业是个小总体

8. 总体、总体单位、标志、指标间的相互关系表现为(　　)。

A. 没有总体单位也就没有总体，总体单位也离不开总体而存在

B. 总体单位是标志的承担者

C. 统计指标的数值来源于标志

D. 指标是说明总体特征的，标志是说明总体单位特征的

E. 指标和标志都是能用数值表示的

9. 变量就是可以取不同值的量，变量的数值表现就是变量值，所以(　　)。

A. 各种数量标志和所有的统计指标都是变量　　B. 变量不包括品质标志

C. 所有标志值和指标值都是变量值　　D. 某工业企业总产值 20 万元是个变量值

E. 某工业企业总产值 20 万元是个变量

10. 统计的特点有(　　)。

A. 数量性　　B. 总体性　　C. 变异性　　D. 同质性

E. 客观性

三、判断题(把"√"或"×"填在题后的括号里)

1. 社会经济统计的研究对象是社会经济现象总体的各个方面。(　　)

2. 品质标志表明单位属性方面的特征，其标志表现只能用文字来表现，所以品质标志不能转化为统计指标。(　　)

3. 统计指标和数量标志都可以用数值表示，所以两者反映的内容是相同的。(　　)

4. 数量指标的表现形式是绝对数，质量指标的表现形式是相对数和平均数。(　　)

5. 因为统计指标都是用数值表示的，所以数量标志就是统计指标。(　　)

四、思考题

1. 什么是统计？如何理解统计的研究对象？

2. 试述统计的特点和作用。

3. 什么是统计总体？其基本特征是什么？什么是总体单位？

4. 举例说明总体和总体单位之间的关系。

5. 举例说明标志和指标之间的关系。

五、业务题

1. 试将下列标志区分为数量标志和品质标志：

(1)性别　　(2)大学教师　　(3)民族　　(4)轮胎寿命

(5)GNP 增长率　　(6)教育水平　　(7)教龄　　(8)功率

(9)人口增长率　　(10)工龄

2. 试将下列指标区分为数量指标和质量指标：

(1)GNP(国民生产总值)　(2)销售收入　　(3)人口数　　(4)投入产出比

(5)速动比率　　(6)人口密度　　(7)出生率　　(8)企业总数

(9)平均工资　　(10)进口额

第二章 统计设计和统计调查

【学习目标】

1. 了解统计设计的概念、种类及基本内容；
2. 熟悉统计调查基本方式的运用条件；
3. 掌握统计调查的方案，可以初步根据调查目的和客观实际情况，正确地采用调查方法，组织收集准确、及时的统计资料。

【案例引导】

在我国经济建设中，为了搞清国情、国力必须掌握有关社会经济现象的许多资料，这就需要定期或不定期开展相关统计调查。

以下是我国历次人口普查的总人口情况。

时　间	总人口(亿人)
1953年7月1日	5.82
1964年7月1日	6.95
1982年7月1日	10.08
1990年7月1日	11.34
2000年11月1日	12.66
2010年11月1日	13.39

上表的统计数据反映了不同时间我国总人口的规模，显示了我国人口基数过大、人口增长速度过快的基本国情，所以控制人口增长、提高人口素质，就成了我国20世纪70年代以来的一项基本国策。

你知道这些数据是怎么获得的吗？在获得数据的过程中针对不同的调查目的应该采用什么样的调查方法？在调查的过程中要做哪些工作？需要注意哪些问题？

通过这章的学习，你会有所收获。

第一节　统计设计的概念和内容

一、统计设计的概念和意义

统计设计是根据统计研究对象的性质和研究目的，对统计工作各个方面和各个环节通盘考虑和安排，制定各种设计方案的过程。这里的统计工作各个方面，是指统计研究对象的各组成部分。就工业企业生产经营活动而言，包括人力、财力和物力，供应、生产和销售；就整个社会经济发展来说，包括人口、环境、资源等条件和生产、分配、流通、消费等扩大再生产过程，以及政治、经济、文化、教育、科技、卫生、体育等社会活动。统计工作的各个环节，是指统计工作具体进行时的各个阶段，包括统计资料的搜集，统计资料的汇总与整理，统计资料的分析研究、提供、保存和公布等等。

统计设计作为一个独立阶段，是由社会经济发展和统计研究的进步所决定的。只有通过统计设计，才能保证统计工作协调、统一、顺利进行，避免统计标准不统一；只有通过统计设计，才能按需要与可能，分清主次，采用各种统计方法，避免重复和遗漏，使统计工作有秩序地进行。

二、统计设计的种类

（一）统计设计按其所包括的研究对象的范围，可以分为整体设计和专项设计

整体设计是指对整个统计工作进行的全面设计。整体设计的范围可大可小，可以是对一家企业、事业基层单位的统计工作的全盘设计，也可以是对整个国民经济范围的统计工作的全面规划和设计。专项设计是指对研究对象的某一部分的统计设计。例如，对一家企业有关人力、物资、供应、销售部分的统计设计就是专项设计。对国家工业、农业、交通运输业等的统计设计也是专项设计。

整体设计是主要的，专项设计从属于整体设计。两者的划分是相对的。例如，从全社会来看，工业统计设计是专项设计，但就工业为独立的研究对象来说，工业统计设计则是一个整体设计。

（二）统计设计按其所包括的工作阶段，可以分为全过程设计和单阶段设计

全过程设计是从确定任务、内容、指标体系到分析研究的通盘考虑和安排。单阶段设计是就统计工作过程中某一阶段的安排，如统计调查的设计、统计整理的设计、统计分析的设计等。

全过程设计偏重于安排各阶段的联系，单阶段设计则要细致地安排工作进度和方法。两者各有分工和侧重，相比之下，全过程设计是主要的，单阶段设计是以全过程设计为基础进行的。

（三）统计设计按其时期的长短，可以分为长期设计、中期设计和短期设计

长期设计是指 5 年以上的统计设计；短期设计是 1 年或年度内的统计设计；介于短期设计和长期设计之间的属于中期设计。这种划分是从具体设计的组织工作安排来考虑的。

三、统计设计的内容

统计设计涉及统计工作的各个方面，内容非常广泛，而且许多内容需要根据统计工作的进程适当地进行调整和充实。一般来说，统计设计包括以下几方面的内容：

(一)明确统计研究的目的和任务

明确统计研究的目的和任务是统计设计的首要环节,也是确定统计内容和方法的出发点。如果目的不明确、任务不清楚,就无法确定要研究什么和怎样研究,可能导致整个统计工作研究路线的偏离。因此,明确统计研究的目的和任务是统计设计的首要问题。

(二)确定统计指标和指标体系

统计指标和指标体系是认识客观事物的工具,也是统计设计的中心内容。无论何种类型的统计设计,都要解决统计指标和指标体系的设计问题。

(三)确定统计分类和分组

这里的分类和分组指的是社会经济现象本身的分类和分组,如生产资料按所有制分类、国民经济按部门分类、人口按职业分类、人口按年龄分组、家庭按平均年收入分组等。

统计分类是一件很重要的工作。有些统计分类是很复杂的,需要统计设计人员具有广博的理论和实践知识。统计分类实际上是一种定性认识活动。要搞好它,常常需要聘请有关方面的专家、学者及实际工作经验丰富的人员共同讨论研究,制定出统一的分类目录,规定出对各种复杂情况的处理方法。

(四)研究设计统计表

为科学有序地表现统计资料,必须根据统计研究的任务,设计统计表。

(五)确定统计分析研究的内容

统计分析研究内容的设计,最主要的是科学地选定分析研究的题目。确定了题目之后,还要考虑用什么分析方法。此外,统计分析的设计还要考虑分析结果的表达形式。它可以是比较系统的书面分析报告,也可以是简明扼要的文字说明,还可以是鲜明生动的图表。这要根据统计指标的性质和服务对象来确定。

(六)制定统计调查方案

为了保证在调查过程中统一认识,使整个统计调查工作按既定的要求顺利进行,必须制定一个统一的调查方案。

(七)制定统计整理方案

制定统计整理方案是统计设计的重要内容之一。所谓统计整理,是指根据统计研究的目的,将统计调查所得的原始资料(也称初级资料)进行科学的分类和汇总,为统计分析准备系统化和条理化的综合资料的工作过程。这一工作是一种汇总性工作。制定整理方案实际上也就是制定统计汇总方案。一般来说,整理方案的基本内容在统计调查之前就要确定下来,它要求根据统计分析的需要设计统计汇总的具体内容,对整个汇总过程做出统一的安排。

(八)规定各个阶段的工作进度和时间安排

在统计设计过程中,需要对各阶段、环节和细节进行严格的规定。例如,统计调查阶段包括资料的登记、复查、质量抽查等工作,整理阶段包括资料审核、编码、汇总等工作,统计分析阶段包括资料的分布、报告等工作。所有工作都要规定完成的期限,可以设计出“工作进度图”“统筹图”“流程图”来具体规定明确的起止日期,以使各阶段、各环节的工作能够相互衔接和联系,按时、保质保量地完成。

(九)考虑各部门和各阶段的配合与协调

仅仅制定了统一的指标体系和统计分类、分组还是不够的,因为各个部门、各级对统计指标的口径、分类粗细等要求不同。为了满足各方面的要求,必须考虑如何处理这些问题。在统计工作全过程中,统计调查、统计整理和统计分析是互相联系的环节,不同的指标又有不同的搜集资料的方法，有不同的时间要求，从而也就有不同的整理方法。而这些又取决于统计分析研究的目的和内容。因此，整体设计虽然不能完全代替阶段设计，但是需要考虑到各个阶段之间的关联。

(十)组织与安排统计力量

组织与安排统计力量是保证统计工作顺利进行的一个重要的统计设计内容。广义上，它包括专业统计机构的组织，包括统计机构与领导机关和其他业务机构的关系，包括非统计机构中统计活动和各种业务资料的利用。也就是说，包括统计机构与非统计机构的整个统计力量的组织和安排。狭义上，统计力量的安排指专业统计机构的组织和统计力量的安排。包括如何组织专业统计机构、各项工作如何分工、各安排多少人、各负什么职责、怎样既有分工又有合作、是否有必要定期轮换等。

第二节　统计调查的意义

一、统计调查的含义

统计调查，就是按照统计研究的目的、要求和任务，运用各种科学的调查方法，有计划、有组织地搜集某种客观事物实际资料的工作过程。例如，要研究某个企业的生产情况，就要反映该企业生产情况的有关实际资料。

统计调查所搜集的资料包括原始资料和次级资料。原始资料是指直接向调查单位搜集的反映总体单位特征的、未经加工整理的资料，又称为初级资料；次级资料是根据研究目的搜集的经初步加工整理过的、能够在一定程度上说明总体特征的统计资料。统计调查一般指的是准确、及时、全面、系统的对原始资料的搜集，以及加工整理和汇总，使其成为从个体特征过渡到总体特征的资料，但有时也包括对次级资料的搜集。

统计调查则是整个统计工作的基础环节。通过统计调查，取得有关被研究现象的具体资料，为统计整理和统计分析提供依据。统计调查搞得好，就能准确、及时、全面、系统地占有丰富的统计资料，有利于认识研究现象的本质及规律；如果调查工作做得不好，得到的材料残缺不全或有错误，即使经过科学的整理和周密的分析，也不可能得到正确的判断，这将直接影响整个统计工作的成果。所以，统计调查阶段是保证统计工作质量的首要环节，是整个统计工作的基础。

二、统计调查的种类

社会经济现象是错综复杂的，调查对象也是千差万别，因此，根据不同的调查目的和调查对象的特点，选择合适的调查方法，是统计调查的重要问题。根据不同情况，统计调查可以分为不同的类别。

(一)按调查对象包括的范围不同，可分为全面调查和非全面调查

全面调查，是指对构成调查对象的所有总体单位无一例外都进行调查登记的一种调查方法。普查和全面统计报表都是全面调查。例如，为掌握国有企业生产经营情况，对所有国有企业无一例外地进行登记或观察；再如，为了研究我国人口数量、性别比例、年龄结构、受教育程度等人口问题而进行全国人口普查。

非全面调查，是指对构成调查对象的一部分总体单位进行调查登记的一种方法。重点调查、典型调查和抽样调查等都属于非全面调查。例如，为了掌握某类商品的质量，不需要对所有商品逐个进行质量检验，只需要抽出一部分产品进行检验即可。

（二）按调查登记时间是否有连续性，可分为经常性调查和一次性调查

经常性调查，就是随着调查对象的发展变化连续不断地进行调查登记的方法。目的是反映事物在一定时期内的全部发展过程，如工厂的产品生产、工人的出勤等，必须在观察期内连续登记；又如，对社会零售商品价格的调查和监控，是长年累月进行的，也属于经常性调查。

一次性调查，就是对被研究现象在某一时刻（或瞬间）的状况进行一次性登记，以反映事物在一定时点上的发展水平。如对人口数、医院数等指标的调查，短期内不会发生巨大的变化，不必连续进行登记和观察，只要经过一段时间登记其某时刻或某一天的数量即可。

（三）按组织方式不同，可分为统计报表和专门调查

统计报表是按照统一规定的表式要求，自上而下地统一布置、自下而上地统一提供统计资料的一种调查组织方式。我国建立了规范的统计报表制度，所有的企业、事业单位和基层行政机关，都要遵守《统计法》，按照上级部门规定的表式、项目、日期和程序向上级部门提交统计报表。统计报表包括国家的政治、经济、文化等各方面的基本统计指标。这种调查组织方式在我国的统计工作中占有重要的地位。统计报表属于经常性调查。

专门调查是为研究某些专门问题，由进行调查的单位专门组织的调查，这种调查属一次性调查，包括普查、重点调查、典型调查和抽样检查等。如人口普查、经济普查等。

（四）按搜集资料的方法不同，可分为直接观察法、访问调查法、报告报表法、问卷调查法、卫星遥感法和互联网调查法

直接观察法是指调查人员亲自到现场对调查单位的调查项目进行直接清点、测定、计量以取得资料的一种统计方法。如为了及时了解农作物产量而进行农产量抽样调查时，调查人员亲自参加抽选样本、实割实测、脱粒、晾晒、保管、过秤计量。直接观察法取得的资料具有较高的准确性，但需要大量的人力、物力、财力和时间，因此其应用受到一定条件的限制。

访问调查法是通过指派调查员对被调查者进行询问、采访，根据被调查者的回答来收集统计资料的一种调查方法，如电话调查、街头拦截调查、入户调查、深度访谈调查等。这种方法由于双方的直接接触，可以收集到详细而深入的信息，准确程度也较高，但调查费用大、时间长，而且对调查人员的素质要求较高。典型资料的收集、人口调查、一些专题性个案调查可以采用访问调查法。

报告报表法是由报告单位根据各种原始记录和核算凭证，根据统计报表的格式和要求，按照隶属关系，逐级向有关部门提供资料的调查方法。我国现有的企事业单位填写统计报表就是采用这种方法。如果报告系统健全，原始记录和核算工作完整，运用报告报表法也可以取得比较准确的资料。

问卷调查法是为特定目的设计问卷并分发给被调查者，由被调查者自愿、自由回答的一种采集资料的方法。通常是在初步分析调查对象的基础上，从调查对象总体中随机地或有意识地选择若干调查单位，发出问卷，要求被调查者在规定时间内以不记名（也可记名）方式反馈信息，以形成对调查对象总体的认识。科学地进行问卷调查，必须精心设计，问题要简明扼要。在实施上，要尽量设法防止回答率或答案质量不高的问题。

卫星遥感法是一种使用卫星高度分辨辐射技术提供地面农作物绿度资料，来估计农作物产量的方法。我国运用这种方法来估计北方冬小麦产量已有十多年，取得了一定的效果。

互联网调查法是借助于各种网络技术所提供的各种工具，搜集传输有关数据资料。这种调查法的优势是时效性强、发布范围广、成本费用相对较低，所以近年来发展迅速，但是需要注意被调查者的代表性。

三、统计调查的基本方法

（一）普查

1. 普查的含义

普查是为了掌握某种客观事物的准确情况而专门组织的一次性全面调查，主要用来搜集那些不需要或不可能进行经常性调查，但又需要掌握准确情况的客观现象的统计资料。普查是一种重要的调查方式，世界各国在进行本国的国情国力调查，尤其是了解一个国家人力资源、物资资源和财力资源的数量及其利用情况时，都采用普查的方式来完成。这种普查对于国家从实际情况出发制定国民经济和社会发展计划及产业政策，加强国民经济管理，安排人民物质和文化生活具有重要的意义。

2. 普查的特点

（1）普查是一次性调查。普查一般用来调查属于一定时点现象的总量，由于这些总量在短期内往往变化不大，不需要进行经常性调查，通常要间隔一段较长的时间才进行一次调查。例如，我国第五次人口普查与第四次人口普查相隔了10年。当然有些时期现象，如工业总产值、利润额等，也可以采用普查的方式。

（2）普查是全面调查。普查涉及面广、被调查单位数量大、指标的内容详细，并且规模宏大，所以比其他任何调查方式更能掌握大量、全面的统计资料。

（3）普查的工作量大。普查涉及面广、时间性强、复杂程度高、对组织工作的要求高，需要大量的人力、物力和财力，因而不宜经常进行。

3. 普查的组织基本原则

普查要求有较高的准确性和时效性，因而必须有统一领导、统一要求和统一行动。在具体组织普查时，必须遵守以下几项基本原则：

（1）要确定一个统一的调查时点，也叫标准时间，所有调查资料都必须反映这一时点上的状况。标准时间的选择要根据研究对象性质和实际条件来决定。

（2）在普查范围内的各调查单位或调查点要同时行动，在方法、步调上保持一致，力求在最短的期限内完成，以保证调查材料的时效性，避免发生重复或遗漏。

（3）普查项目要有统一的规定，不能任意改变或增减，以免影响汇总和综合、降低资料质量。性质相同的普查，其各个时期的普查项目也应尽可能保持相同，便于对比分析。

（4）根据普查任务，选择最适当的普查时间。普查的时间间隔应当尽可能保持一定的周期，以便进行动态分析，观察现象的发展变化情况及其规律性。

（二）重点调查

1. 重点调查的意义

重点调查是指在调查对象中只选择一部分重点单位进行的非全面调查。

重点单位是指调查对象中的一小部分，这些单位可能数目不多，但其某一主要标志总量在总体标志总量中却占绝对比重，其特征可以反映总体的基本情况。可见，重点调查是非全面调查，但调查这部分单位的情况，即可反映被研究现象的基本情况和基本趋势。例如，要及时了解全国原油生产的基本情况，只要调查占全国原油产量比重很大的大庆油田、大港油田、胜利油田等的原油产量即可，虽然只是少数几个单位，但具原油产量占全国原油总产量的比重很大。

重点调查由于调查单位少，因此比全面调查节省人力、财力、物力，时效性高。一般来说，当调查的目的和任务不要求全面性和高度准确性，而部分单位又能比较集中地反映所研究的标志或指标时，宜采用重点调查方式。重点调查对于领导及时了解情况、掌握基本趋势，指导全局有重要的作用。

2. 重点调查的要求

重点单位的选择确定，应着眼于调查目的和调查单位本身的条件。重点单位可以是一些单位，也可以是一些城市或地区。重点单位选多选少，要根据调查任务来确定。一般说来，选出的单位应尽可能少些而其标志值在总体标志总量中所占比重应该尽可能大些。选中的单位，管理应比较健全，统计力量应比较充实，统计基础应比较巩固，这样才能准确、及时地取得资料。

(三)典型调查

典型调查是根据调查目的和要求，在对所研究总体全面分析的基础上，有意识地从中选择少数具有典型性的单位进行深入调查研究的一种非全面调查方式。

典型调查具有以下特点：

(1)典型调查是深入细致的调查，用来研究某些比较复杂的专门问题；

(2)典型调查单位少，因而指标可以多一些，可节省人力、物力和财力；

(3)典型调查是一种灵活的调查方式，典型单位是根据研究任务，在对调查对象进行初步分析的基础上，有意识选择和确定的。

在统计工作中，典型调查既可以作为统计搜集资料的一种调查方式，也可以进行分析研究。其主要作用是：

(1)可用以研究新生事物，抓住苗头，认真地进行调查研究，探索它们的发展方向，形成预见，加以推广；

(2)可以补充全面调查的不足；

(3)可以利用典型资料，结合基本统计数字，估计推算有关数据。

例如，为了了解工业生产环境污染问题，可以初步分析污染的严重程度，然后选择污染治理工作效果差的企业作为典型单位，进而研究其原因以及给社会带来的严重问题和后果。还可以选择一个治污工作成绩显著的企业作为典型，深入研究其治污和克服困难的办法，总结经验，为其他企业树立榜样。

(四)抽样调查

抽样调查是按随机原则，从总体中抽选部分单位进行观察，并根据这部分单位的调查材料，从数量方面推断总体指标的一种非全面调查。对于无限总体或总体单位分散的调查来说，抽样调查有着其他调查无法代替的优越性(有关抽样调查的理论和方法，将在第八章详述)。

(五)统计报表

统计报表是依照国家有关法规的规定，自上而下地统一布置，以一定的原始记录为依据，按照统一的表式、统一的指标项目、统一的报送时间和报送程序，自下而上逐级、定期提供基本统计资料的一种调查方式。它是我国统计调查体系中取得统计资料的一种重要的调查方式。

统计报表制度是按国家统计法制定、实施和管理的一整套办法。统计报表制度是我国对国民经济宏观调控和业务指导的重要工具，是全面、及时、准确地获得统计资料的有效方法。

1. 统计报表的种类

(1)按调查范围不同,统计报表分为全面统计报表和非全面统计报表。

全面统计报表要求调查对象的全部单位填报,非全面统计报表只需要调查对象中的部分单位填报。非全面统计报表又可采用重点的、抽样的和典型的调查方式。

(2)按报送周期不同,统计报表分为定期报表和年报。日报、旬报、月报、季报、半年报均属于定期统计报表。

(3)按报送的方式不同,统计报表分为邮寄和电讯两种。电讯报表又可分为电报、电话、电传和网络数据传输等。

(4)按填报单位不同,统计报表分为基层报表和综合报表。基层报表主要由基层企业、事业单位填报,它是统计调查的基本资料;由主管部门根据基层报表逐级汇总填报的统计报表即为综合报表。填报基层报表的单位称为基层填报单位,填报综合报表的单位称为综合单位。

(5)按实施的范围不同,统计报表分为国家统计报表、部门统计报表和地方统计报表。

(6)按性质和内容不同,统计报表分为基本统计报表和专业统计报表。基本统计报表由国家统计部门制发,在全国范围内执行,用来搜集整个国民经济与社会发展的基本资料。专业统计报表是由各业务主管部门为适应本部门业务管理的需要而制定的,主要用来搜集本部门系统内的统计资料。

2. 统计报表的要求

为提高统计报表质量、制定统计报表制度,首先,要遵循适用与精简的原则,也就是说,必须把统计报表指标内容、分类、表式的确定建立在适用与精简的基础上,既能满足统计任务要求,适应经济建设需要,又要力求简明扼要,切实可行;其次,统计报表的制发只能由统计部门或业务部门的综合统计机构统一组织,严禁滥发报表,避免各搞一套;再次,基层统计报表应逐步做到统一、配套,并保持相对稳定;最后,对已审核的统计报表必须严格执行,要严肃填报纪律,凡统计报表中的有关规定,各填报单位不得擅自更改,应如实填写,不允许弄虚作假、虚报瞒报。

3. 统计报表的资料来源

统计报表的资料来源于基层单位的原始记录。从原始记录到统计报表,中间还要经过统计台账和企业内部报表。原始记录是基层单位通过一定的表格形式,对生产经营活动的具体内容和状况进行的最初的数字和文字记载。统计台账是基层单位根据统计报表的要求和基层经营管理需要而按时间顺序设置的一种系统积累统计资料的表册。

帮你学

1. 普查既是一次性调查又是全面调查,同时还是专门调查。

2. 我国的普查已经规范化、制度化,即尾数逢“0”的年份进行人口普查,尾数逢“3”的年份进行第三产业普查,尾数逢“5”的年份进行工业普查,尾数逢“7”的年份进行农业普查。

第三节　统计调查方案

无论采用什么调查方式搜集资料,都要事先根据需要和可能,对被研究对象进行定性分析,设计出调查方案来。统计调查方案是统计设计阶段的一项重要内容,是保证统计调查顺利进行的前提,也是准确、及时、系统、完整地取得调查资料的重要条件。一份完整的调查方案,应包括以下基本内容:

一、确定调查目的和任务

统计调查总是为一定的研究任务服务的，制定调查方案的首要问题是明确调查的目的和任务。不同的研究目的和任务，决定着不同的调查内容和范围。目的不明、任务不清，就无法确定向谁调查、调查什么、怎样调查，整个调查工作就会陷入盲目和混乱，造成人力、物力、财力的浪费。调查目的和任务，主要是根据社会主义建设的实际需要，并结合调查对象本身特点来确定的。明确统计研究的目的和任务是统计设计的首要环节，也是确定统计内容和方法的出发点。

二、确定调查对象和调查单位

确定调查对象和调查单位，是为了回答向谁调查、由谁来具体地提供统计资料的问题。调查对象，就是在某项调查中需要进行调查研究的社会现象的总体，它是由性质相同的许多个别单位组成的。确定调查对象，首先要根据调查目的认真分析研究现象，掌握其主要特征，科学地规定调查对象的含义；其次，要明确规定调查对象总体的范围，划清它与其他社会现象的界限。只有调查对象的含义确切、界限清楚，才能避免登记的重复或遗漏，保证统计资料的准确。调查单位，就是在某项调查中登记其具体特征的单位，即调查项目的承担者。调查单位的确定决定于调查目的和调查对象。如调查目的在于了解城市职工家庭收支的基本情况，那么全部城市职工家庭就是调查对象，这就需要先划清城市职工与非城市职工的界限，然后明确职工家庭的含义，而每一户城市职工家庭就是调查单位。明确调查单位还需要把它和报告单位相区别。报告单位也称填报单位，是负责向上报告调查内容、提交统计资料的单位。报告单位是一般在行政上、经济上具有一定独立性的单位，而调查单位可以是人、企事业单位，也可以是物。根据调查目的，调查单位与报告单位有时一致，有时不一致。如工业企业普查，每个工业企业既是调查单位又是报告单位；而工业企业生产设备状况的普查，调查单位是工业企业的每台生产设备，报告单位则是每个工业企业。

三、确定调查项目，设计调查表式

（一）确定调查项目

调查项目就是调查中所要登记的调查单位的特征，这些特征统计上又称标志。确定调查项目所要解决的问题是：向调查单位调查什么。反映调查单位特征的标志是多种多样的。在调查中，调查项目应根据调查目的和调查单位的特点而定。要紧紧围绕调查目的，从现象之间的相互联系中，从现象的过去、现在和未来发展等方面出发，做周详的考虑。

（二）拟订调查表式

将反映调查单位特征的调查项目，按一定的顺序排列在一定的表格上，就构成了调查表。调查表是调查方案的核心部分，它是容纳调查项目、搜集原始资料的基本工具。利用调查表进行调查，不仅能够条理清晰地填写需要搜集的资料，还便于调查后对资料进行汇总整理。

四、确定调查的时间、空间和方法

调查时间包括三个方面的含义。首先是指调查资料所属的时间。如果所调查的是时期现象，就要明确规定反映的是调查对象从何年何月何日起到何年何月何日止的资料；如果所要调查的是时点现象，就要明确规定统一的标准时点。其次是指调查工作进行的时间，即指对调查单位的标志进行登记的时间。再次是指调查期限，即整个调查工作的时限，包括搜集资料及报送资料的整个工作所需要的时间。为了保证资料及时性，对调查期限的规定要在保证资料准确性的前提下尽可能缩短。确定调查空间是指确定调查单位在什么地方接受调查，如人口普查要具体规定是常住人口还是现有人口等。调查方法包括调查的组织形式和搜集资料的具体方法，这也要正确地选择。

五、制订调查工作的组织实施计划

为了保证整个统计调查工作顺利进行，在调查方案中还应该有一个周密考虑的组织实施计划。其主要内容应包括：调查工作的领导机构和办事机构；调查人员的组织；调查资料报送办法；调查前的准备工作，包括宣传教育、干部培训、调查文件的准备、调查经费的预算和开支办法、调查方案的传达布置、试点及其他工作等。统计调查的组织方式是整个统计工作的基础，只有通过切实地统计调查取得真实的客观材料，才能充分发挥统计的作用。所以，必须科学地确定统计调查的组织方式，才能保证统计调查获得反映客观实际的材料。而组织方式要适应客观形势要求。随着社会主义市场经济体制的建立和发展，面对多种经济成分、多种经济类型、多种经营方式等复杂多样的调查对象，在经济结构复杂化和利益主体化的格局下，统计调查必须建立以周期性普查为基础，以经常性的抽样调查为主体，以必要的统计报表、重点调查和综合分析为补充，搜集、整理基本统计资料的统计调查方法体系。

第四节　统计调查误差及其防止

一、统计调查误差的概念和种类

统计调查误差，就是调查结果所得的统计数字与调查总体实际数量表现的差别。

统计调查误差有两种：一种是登记误差，一种是代表性误差。

登记误差又叫调查误差，是由于调查过程中各个有关环节的失误造成的，主要包括计量错误、记录错误、计算错误、抄录错误、在逐级上报过程中的汇总错误、被调查者所报不实或调查者有意虚报瞒报，以及调查方案的规定不明确等。这种误差在全面调查和非全面调查中都会产生。

代表性误差只有在非全面调查的抽样调查中才有，全面调查不存在这类误差。抽样调查从总体中抽出一部分单位进行观察，并用这部分的标志值来估计总体的标志值，这同总体的实际标志值会有一定的差别，这就是代表性误差产生的原因。代表性误差又可分为两种：一种是偏差，它一般是由于没有按照随机原则从总体中抽选调查单位造成的。但在抽样调查中，即使严格按照随机原则，消除了偏差，也存在另一种不可避免的代表性误差，即抽样误差。这种误差是由抽样的随机性带来的，在抽样调查中无法避免和消除，但可以设法控制。

二、统计调查误差的防止

为了取得准确的统计资料，必须采取各种措施，防止可能发生的统计调查误差，把它缩小到最低限度。

首先，要正确制定统计调查方案，详细说明指标含义和计算方法，合理选定调查方法，使之切合调查对象的实际，并使调查人员或填报人员能够明确执行，不致产生歧义。

其次，有了科学的统计调查方案，还要切实抓好调查方案的贯彻执行工作：(1)加强对统计工作人员的培养训练，使每个统计人员都能严格地执行统计制度方法。(2)扎扎实实地搞好统计基础工作。建立统计机构，配备必要的统计人员；建立健全原始记录、统计台账、班组核算等制度，使统计资料的来源准确可靠。(3)在统计调查过程中，加强对数字填报质量的检查。

以上说的是防止登记误差，至于代表性误差的防止，如果是抽样调查则应严格遵守随机原则，认真执行调查方案。

帮你学

抽样调查的数据质量有时比全面调查更高，因为全面调查的工作量大、环节多，登记性误差往往很大；而抽样调查由于工作量小，可使各环节的工作做得更细致，误差往往很小。当然用样本数据去推断总体时，不可避免地会有推断误差，但这种误差的大小是可以计算并控制的，因此推断的结果通常是可靠的。

本章小结

1. 统计设计的概念和类型。统计设计是根据统计研究对象的性质和研究目的，对统计工作各个方面和各个环节通盘考虑和安排，制定各种设计方案的过程。统计设计按其所包括的研究对象的范围，可以分整体设计和专项设计；按其所包括的工作阶段，可以分为全过程设计和单阶段设计；按其时期的长短，可以分为长期设计、短期设计和中期设计。

2. 统计设计的内容。明确统计研究的目的和任务，确定统计指标和指标体系，确定统计分类和分组，研究设计统计表，确定统计分析研究的内容，制定统计调查方案，制定统计整理方案，规定各个阶段的工作进度和时间安排，考虑各部门和各阶段的配合与协调，组织与安排统计力量。

3.统计调查的种类。根据被研究总体的范围，统计调查可以分为全面调查和非全面调查；根据调查登记的时间是否连续，统计调查可以分为经常性调查和一次性调查：根据组织方式，统计调查可分为统计报表和专门调查；根据收集资料的方法，统计调查可以分为直接观察法、访问调查法、报告报表法、问卷调查法、卫星遥感法和互联网调查法。

4. 统计调查的基本方法。主要包括：

(1)普查。普查是专门组织的、一般用来调查属于一定时点上社会经济现象数量特征的全面调查。

(2)重点调查。重点调查是指在调查对象中，只选择一部分重点单位进行的非全面调查。

(3)典型调查。典型调查时根据调查目的和要求，在对所研究总体全面分析的基础上，有意识地从中选择少数具有典型性的单位进行深入调查研究的一种非全面调查。

(4)抽样调查。抽样调查是按随机原则，从总体中抽选部分单位进行观察，并根据这部分单位的调查资料，从数量方面推断总体指标的一种非全面调查。

(5)统计报表。统计报表是按国家统一规定的表式、统一的指标项目、统一的报送时间，自下而上逐级、定期提供基本统计资料的一种调查方法。

5. 统计调查方案的设计。一份完整的调查方案，主要包括以下基本内容：调查目的、调查对象、调查项目和调查表、调查时间和调查时限、调查的组织。

技能训练

一、单项选择题

1. 某地区为了掌握该地区水泥生产的质量情况，拟对占该地区水泥总产量的80%的五家大型水泥厂的生产情况进行调查，这种调查方式是（　　）。

A. 普查　　B. 典型调查　　C. 抽样调查　　D. 重点调查

2. 某灯泡厂为了掌握该厂的产品质量，拟进行一次全厂的质量大检查，这种检查应选择（　　）。

A. 统计报表　　B. 重点调查　　C. 全面调查　　D. 抽样调查

3. 人口普查规定统一的标准时间是为了（　　）。

A. 避免登记的重复与遗漏　　B. 确定调查的范围

C. 确定调查的单位　　D. 登记的方便

4. 下列调查中，调查单位与填报单位一致的是（　　）。

A. 工业设备调查　　B. 人口普查　　C. 农村耕畜调查　　D. 工业企业现状调查

5. 某地进行国有商业企业经营情况调查，则调查对象是（　　）。

A. 该地所有商业企业　　B. 该地所有国有商业企业

C. 该地每一国有商业企业　　D. 该地每一商业企业

6. 以下调查的报告单位与调查单位一致的是（　　）。

A. 工业普查　　B. 工业设备调查　　C. 职工调查　　D. 未安装设备调查

7. 统计调查所搜集的可以是原始资料，也可以是次级资料，原始资料与次级资料的关系是（　　）。

A. 原始资料来源于基层单位，次级资料来源于上级单位

B. 次级资料是由原始资料加工整理而成的

C. 原始资料与次级资料之间无必然联系

D. 原始资料与次级资料没有区别

8. 某市规定2015年工业经济活动成果年报呈报时间是2016年1月31日，则调查期限为（　　）。

A. 一天　　B. 一个月　　C. 一年　　D. 一年零一个月

9. 通过调查大庆、胜利、辽河等油田，了解我国石油生产的基本情况。这种调查方式是（　　）。

A. 典型调查　　B. 重点调查　　C. 抽样调查　　D. 普查

10. 统计调查的基本任务是取得原始统计资料，所谓原始统计资料是（　　）。

A. 统计部门掌握的资料　　B. 对历史统计资料进行整理后取得的资料

C. 直接向调查单位进行登记所取得的资料　　D. 统计年鉴或统计公报上发布的资料

11. 某市进行工业企业生产设备普查，要求在7月1日至7月10日全部调查完毕，则这一时间规定是（　　）。

A、调查时间　　B. 调查期限　　C. 标准时间　　D. 登记期限

12. 调查某市工业企业职工的工种、工龄、文化程度等情况（　　）。

A. 填报单位是每个职工　　B. 调查单位是每个企业

C. 调查单位和填报单位都是企业　　D. 调查单位是每个职工，填报单位是每个企业

13. 对某地区饮食从业人员的身体健康进行调查，调查对象是该地区饮食业的（　　）。

A. 全部饮食网点　　B. 每个饮食网点　　C. 所有从业人员　　D. 每个从业人员

14. 某地商业部门为了总结先进管理经验，选择了几个先进商业企业进行调查，这种调查属于（　　）。

A. 抽样调查　　B. 重点调查　　C. 典型调查　　D. 普查

15. 针对食品企业连续、大量生产的食品进行质量检查和控制，最适宜的调查方式是（　　）。

A. 典型调查　　B. 重点调查　　C. 抽样调查　　D. 普查

二、多项选择题

1. 普查是一种(　　)。

A. 非全面调查　　B. 专门调查　　C、全面调查　　D. 一次性调查

E. 经常性调查

2. 某地对商业个体户的偷漏税情况进行调查，5月5日抽选5%样本检查，8月1日抽选10%样本检查，这种调查是(　　)。

A. 非全面调查　　B. 一次性调查　　C. 不定期性调查　　D. 定期性调查

E. 经常性调查

3. 要调查全国民营企业情况，全国每一个民营企业是(　　)。

A、调查对象　　B、调查单位　　C、总体单位　　D、填报单位

4. 专门调查是为了了解和研究某种情况或问题而专门组织的统计调查，下列属于专门调查的有(　　)。

A. 普查　　B. 抽样调查　　C. 统计报表　　D. 重点调查

E. 典型调查

5. 下列情况下，调查单位和填报单位不一致的是(　　)。

A. 工业企业生产设备调查　　B. 人口普查

C. 工业企业现状调查　　D. 城市零售商店销售情况调查

6. 非全面调查是指(　　)。

A. 普查　　B. 统计报表　　C. 重点调查　　D. 典型调查

E. 抽样调查

7. 某市对全部工业企业生产设备的使用情况进行普查，则每一台设备是(　　)。

A. 调查单位　　B. 调查对象　　C. 总体单位　　D. 填报单位

E. 报告单位

8. 抽样调查和典型调查的主要区别在于(　　)。

A. 选取调查单位的方法不同　　B. 调查单位的多少不同

C. 在能否计算和控制误差上不同　　D. 调查的目的不同

E. 调查的组织形式不同

9. 我国第六次人口普查的标准时间是2010年11月1日零时，下列情况应统计人口数的有(　　)。

A. 2010年11月2日1时出生的婴儿　　B. 2010年10月30日6时出生的婴儿

C. 2010年10月30日14时死亡的人　　D. 2010年11月1日1时死亡的人

E. 2010年10月29日出生，11月1日3时死亡的婴儿

10.下列各调查中，调查单位和填报单位一致的是(　　)。

A. 企业设备调查　　B. 人口普查　　C. 工业企业普查　　D. 商业企业调查

E. 商品价格水平调查

三、判断题(把"√"或"×"填在题后的括号里)

1. 典型调查与抽样调查的根本区别是选取调查单位的方法不同。(　　)

2. 调查单位和填报单位在任何情况下都不可能一致。(　　)

3. 企业机器设备普查每五年进行一次，因此它是一种经常性调查方式。(　　)

4. 全面调查包括普查和统计报表。(　　)

5. 全面调查和非全面调查是根据调查结果所取得的资料是否全面来划分的。(　　)

6. 在统计调查中，调查标志的承担者是调查单位。(　　)

7. 对全国各大石油集团的生产情况进行调查，以掌握全国石油开采量的基本情况。这种调查属于非全面的重点调查。(　　)

8. 如果调查间隔时间相等，这种调查就是经常性调查。(　　)

四、思考题

1. 一个完整的统计调查方案包括哪些内容？请针对某产品销售情况，设计一个调查方案。

2. 试对普查、重点调查、抽样调查、典型调查、统计报表等几种调查方式进行比较。

3. 谈谈你对统计调查误差的认识。

4. 全面统计报表和普查都属于全面调查，两者有何区别？如果采用定期普查，能否代替全面统计报表？

五、业务题

随意抽取某高校某系四个班的学生对连续四个月的月生活费支出情况进行调查，以此反映当代大学生消费热点，研究学生学习生活需求。

具体操作步骤：

(1)学员分组调查；

(2)各组分别设计一个完整的调查方案；

(3)利用课余时间实施调查(注意可使用的方法：采访法、问卷法)；

(4)将调查资料搜集、装订、整理，留待以后整理分析使用。

[提示]调查项目包括：被调查学生月生活费支出、基本月生活费(生存必需的月生活费)、学习费(学费、用具、资料)、零食消费、课外培训费、娱乐消费(网吧、影院、郊游)、其他消费。

第三章 统计整理

【学习目标】

1. 掌握设计统计分组的基本原则和正确选择分组标志的原则，掌握按标志特征分组和按标志多少分组的方法，掌握组距变量数列的编制步骤。

2. 熟悉统计分组的概念和分组类型，熟悉组距数列涉及的几个概念；熟悉有关频数分布的概念和分布数列的种类。

3. 了解数据整理的意义和内容，了解统计分组的作用。

【案例引导】

李明是班级的学习委员，第一学期期末，他看到了其所在班级40名学生的高等数学成绩单，具体情况如下（单位：分）：

95	69	91	70	85	85	78	80	78	98
78	80	79	66	79	77	80	46	78	81
82	62	84	84	64	75	99	68	88	89
91	53	91	83	68	85	75	95	76	86

高等数学老师正要对该班成绩进行分析，李明很想帮高数老师做点什么，面对上述零星的、分散的原始资料，他该怎么做才能揭示其所在班级这个研究总体的分布特征和本质规律呢？你能帮他完成这项工作吗？

为了概括以上数据，统计工作者经常使用一些图表，通过图表对数据进行归类整理、显示。如何整理这些数据，如何编制统计图表来显示这些数据的分布特征，就是本章要介绍的内容。

第一节　统计整理的意义和步骤

一、统计整理的意义

统计整理是根据统计研究的目的和任务的要求，对统计调查所搜集到的原始资料进行分组、汇总，使其系统化、条理化、科学化，从而得到表现总体特征的综合统计资料的工作过程。

统计工作经过了统计调查之后，所获取的各种原始资料比较分散、零碎，很不系统，仅仅反映了事物的表面现象或某一侧面，不能深刻地说明事物的本质，难以揭示事物的发展规律。只有对这些调查资料进一步进行加工和整理，才能认识事物的总体及其内部联系。例如，工业设备普查中，所调查的每个企业资料，只能说明每个企业的设备类型、名称、型号、生产厂、数量等具体情况，必须通过对所有资料进行分组、汇总等加工处理后，才能得到全国工业企业设备的综合情况。统计整理在整个统计工作中起着承前启后的重要作用，它既是统计调查的继续，又是统计分析的前提。统计整理的结果能否如实地反映客观情况，决定着统计资料的科学价值，也直接影响到统计分析的准确性和真实性。

统计资料按来源不同分为原始资料和次级资料两种。由于搜集次级资料比搜集原始资料快捷方便且节省费用，因此，人们有时只需对次级资料进行再加工就可以达到研究目的。所以，统计资料整理不仅包括对原始资料的整理，也包括对次级资料的整理。

二、统计整理的步骤

统计整理工作是一项细致的、科学性很强的工作，需要有组织、有计划地进行。统计整理的基本步骤如下：

1. 设计和编制统计资料整理方案

在进行统计资料整理之前，应当首先根据研究目的，确定对调查中所搜集资料的哪些内容进行整理。同时，还要确定如何进行统计分组，采用哪些汇总指标以及统计资料如何表现等。这些整理方案的内容体现在一系列的整理或汇总表中。

2. 对原始资料进行审核

(1)审查被调查单位的资料是否齐全。

(2)审查数据是否准确。资料的准确性是审核的重点，对资料的准确性的审核是通过逻辑检查和计算检查两个方面进行的。逻辑检查主要审核原始资料的内容是否符合逻辑、各项目或数量之间有无相互矛盾的地方。例如，一个5岁儿童的资料所反映的职业是足球教练，对这样显然违背逻辑的项目，应予以纠正。计算检查是计算复核表中的各项数字有无差错、检查各项指标的计算方法是否恰当、计算单位是否正确、有关指标间的平衡关系是否得到保持等。

(3)审核资料的及时性、系统性和完整性。

及时性是指要检查资料是否符合调查规定的时间、资料的报送是否及时等。审核资料的系统性和完整性，是要检查统计资料是否系统周密、合乎逻辑，是否按规定的调查项目搜集齐全，调查单位是否有重复和遗漏，报送单位是否有不报、漏报的现象等。不系统、不完整的统计资料难以全面反映现象的总体特征和规律，也会影响到资料的整理和分析工作。

在审核资料时，既可以逐项地对资料进行全面细致的审核，也可以抽取重要部分或容易出现差错的部分作重点审核。对于通过审查发现的问题和错误，应及时予以查询和纠正。

3. 对各项原始资料进行统计分组并统计汇总

按照一定的组织形式和方法，对原始资料进行统计分组和统计汇总，计算出各组的单位数和合计总数，计算出各组指标和综合指标的数值。

4. 将汇总的结果以统计表或统计图的形式表现出来

5. 将统计资料进行系统积累

第二节　统计分组

一、统计分组的概念

统计分组是根据研究任务的要求和所研究事物的特点，按照一定标志将统计总体划分为若干个组成部分的一种统计方法。统计分组的目的就是提示各组之间性质上的差异。通过统计分组，使同一组内的各单位性质相同，组与组之间产生性质上的差异。例如，将某班同学按性别这一标志划分为两组，即男生组和女生组，两组间性质显然是不同的，而组内性质却是一致的。由此可见，统计分组实质上是在统计总体内部进行的一种定性分类。

只有将统计总体进行科学的分组，才能对统计资料进行科学的加工和分析，得出正确的结论。因此，统计分组是统计整理的关键，它关系到整个统计研究工作的成败。

二、统计分组的作用

(一)对分散的、不系统的统计资料，以过统计分组可以发现其特点及规律性

例如，某班级 40 名同学的英语期末成绩如下(单位：分)：

75	86	80	83	72	70	68	46	82	76
65	63	92	56	82	72	63	85	42	90
47	91	66	78	88	84	63	92	76	80
96	81	79	67	88	78	82	84	76	80

从以上资料中，我们只能大体看出这个班级英语成绩有高有低，而很难看出 40 名同学总的情况和特点。下面将资料分组汇总再进行观察，见表 3－1。

表 3－1　　某班级 40 名同学英语期末成绩情况

按成绩分组(分)	学生人数(人)
90 以上	5
80～90	14
70～80	10
60～70	7
60 以下	4
合　计	40

由表 3－1 的资料，我们可以对该班成绩做出综合评价指出其特点：90％的同学成绩及格，其中有将近 50％的同学成绩在良好以上。总的结论是该班级同学英语成绩比较好，中等以上的同学占了绝大多数。如果不经过上述分组，就难以观察出这些特点。

(二)区分现象质的差别

统计分组的根本作用就在于区分现象质的差别。统计分组的过程就是区别事物性质的过程。例如,我国根据社会生产活动历史发展的顺序将国民经济产业结构划分为三个不同的部分:根据国家统计局 2003 年新发布的《三次产业划分规定》,三次产业划分范围如下:第一产业是指农、林、牧、渔业。第二产业是指采矿业,制造业,电力、燃气及水的生产和供应业,建筑业。第三产业是指除第一、二产业以外的其他行业,包括交通运输、仓储和邮政业,信息传输、计算机服务和软件业,批发和零售业,住宿和餐饮业,金融业,房地产业,租赁和商务服务业,科学研究、技术服务和地质勘查业,水利、环境和公共设施管理业,居民服务和其他服务业,教育、卫生、社会保障和社会福利业,文化、体育和娱乐业,公共管理和社会组织,国际组织。

(三)反映现象总体的内部结构及其变化

统计总体经过分组后,被划分为若干个性质不同的组成部分,计算各个组成部分的总量在总体总量中所占的比重,可以分析和研究总体内部各组成部分的性质、结构和比例关系,从而认识现象的发展过程和发展规律。例如,随着经济的发展近年来我国第一、第二、第三产业之间的关系见表 3—2。

表 3—2　　**我国国内生产总值中各产业比例构成**

	2012 年		2013 年		2014 年	
	绝对数(亿元)	比重(%)	绝对数(亿元)	比重(%)	绝对数(亿元)	比重(%)
第一产业	50 892.6	9.5	55 321.8	9.4	58 336.1	9.2
第二产业	240 200.4	45.0	256 810.0	43.7	271 764.4	42.7
第三产业	243 030.0	45.5	275 887.0	46.9	306 038.2	48.1
合　计	534 123.0	100.0	588 018.8	100.0	636 138.7	100.0

资料来源:《中国统计年鉴(2015)》。

表 3—2 表明,这三年中我国国民经济中三次产业的构成正在发生的明显变化,即国内生产总值中第一、第二产业的比重都在下降,而第三产业的比重不断上升,说明我国第三产业这几年发展较快。

(四)分析现象之间的相互依存关系

任何现象都不是孤立的,现象之间是相互联系、相互依存、相互制约的。例如,工业企业中劳动生产率与利润的关系、商业企业中商品销售额与流通费用的关系、农作物的产量与施肥量的关系等都可以通过分组来解释。

从表 3—3 中的分组资料可以看出,销售额越大,每百元商品销售额中支付的流通费用越小。这种依存关系通过分组就可以观察到。

表 3—3　　**某地区 80 家百货商店的月销售额与流通费用情况**

按销售额分组(万元)	商店数(家)	每百元销售额中支付的流通费用(元)
50 以下	8	15
50～100	16	12
100～200	32	10
200～300	14	9
300 以上	10	8

三、选择分组标志的原则

分组标志就是统计分组依据。分组标志的选择是否恰当直接影响到分组作用的发挥，关系到能否正确地反映总体的性质特征、实现统计研究的目的和任务。正确选择分组标志的原则如下：

（一）根据研究目的和任务选择分组标志

同一研究总体、研究目的不同，分组所依据的标志也不同。例如，对同一个企业的职工总体而言，如果研究目的是分析职工的文化素质或业务素质的，应选用职工的文化程度作为分组标志或选用技术水平等级作为分组标志；如果研究目的是分析职工的劳动能力状况，就应按职工的年龄、身体健康状况分组，如果选择其他分析就达不到研究目的。

（二）选择能够反映事物主要特征的标志

在一定的研究目的下，往往会有若干个与研究目的有关联的标志可供我们选择，这时，就应选择与研究目的的关系最密切、最能反映现象本质特征标志作为分析标志。例如，研究职工生活水平情况，可以用职工的收入水平作为分组标志，也可以用职工家庭成员平均收入作为分组标志。究竟选哪一个标志进行分组呢？这不仅要看城镇职工收入水平的高低，还要看他们赡养的家庭人口数。如果他们所赡养的人口数很多，即使他们的工资再高，其生活水平也不会高。因此，选择城镇居民家庭成员的人均收入水平作为分组标志，比选用职工工资水平更恰当。

（三）根据现象的历史条件及经济条件来选择分组标志

随着生产力和生产关系的发展变化，被研究对象的特征也在不断变化，因而选择分组标志时也要考虑到这种变化。例如，研究企业的规模时，就需要将企业按生产规模分组。反映企业生产规模的标志很多，如生产能力、职工人数、固定资产总额、总产值等。一般来说，生产力水平较低的情况下，以职工人数作为分组标志；生产力水平较高的情况下，应使用企业生产能力和固定资产总额作为分组标志。

四、统计分组的方法

（一）根据分组标志的性质不同分为两种

1. 按品质标志分组

按品质标志分组是指选择反映事物属性差异的标志作为分组标志，并在品质标志的变异范围内划定各组界限，将总体划分为若干个性质不同的组成部分。例如，研究国民经济总体时，可以通过按经济类型、隶属关系、地区、国民经济产业部门等品质标志分组。按品质标志分组有时界限明确，比较容易，有时又比较复杂。

在实际工作中，常常需要对所研究的现象进行复杂的品质分组。这种复杂的品质分组也称分类，如行业分类、产品分类、人口职业分类等。它们不仅涉及复杂的分组技术，也涉及国家政策和有关科学理论，因而在分组时要十分慎重。为了保证各种分类的统一性和完整性，国家制定了统一的分类目录和标准。

2. 按数量标志分组

按数量标志分组是指选择反映事物数量差异的数量标志作为分组标志，并在数量标志的变异范围内划定各组界限，如企业按固定资产价值分组、人口按年龄分组、工人按技术等级分组等。

与品质标志不同，数量标志具体表现为许多不等的变量值，这些变量值能准确地反映现象数量上的差异，却不能明确地反映现象性质上的区别。因此，在按数量标志进行统计分组时，应当根据研究的目的，首先确定总体在已选定的数量标志的特征下有多少种性质不同的组成部分，然后再研究确定各组成部分的数量界限，使分组的数量界限能够区分现象性质上的差别。关于按数量标志分组的具体问题，将在下一节阐述。

(二)按照选择分组标志多少的不同，可以分为简单分组和复合分组

1. 简单分组

简单分组是指对所研究的总体按一个标志进行分组。例如，工业企业按生产规模分为大型、中型和小型三个组，人口按性别分为男性、女性两组，投资按资金来源分为国家预算内资金、国内贷款、利用外资、自筹投资和其他投资五个组。

2. 复合分组

复合分组是指对所研究的总体按两个或两个以上的标志进行的多层次分组。例如，工业企业按经济类型分组后，每一组中再按规模进行分组；人口按性别分组后再按年龄分组等。采用复合分组能更深入地反映总体的内部结构，更细致地分析问题。但是，随着分组标志的增加，组数将成倍地增加，因此也不宜采用过多的标志进行复合分组。究竟采用几个标志进行复合分组，要根据统计研究的目的和任务来决定。

帮你学

1. 要根据统计研究的目的选择分组标志。

2. 要选择最能反映事物本质特征的标志进行分组。

3. 要考虑到现象发展的历史条件和经济条件，找到最能反映现象本质特征的标志来分组。

第三节　分配数列

一、分配数列的概念及种类

分配数列是指将总体按某一标志分组，并按一定顺序排列出每组总体单位数，所得到的数列，又称次数分布。在分配数列中，分布在各组的总体单位数叫作次数或频数。各组次数与总次数之比叫作比重、比率或频率。分配数列主要由各组名称(或各组变量值)与各组单位数(次数)两部分构成，有时也可以把比重列入分布数列中。分配数列直观地表明了总体单位的分布特征和结构状况，在此基础上，还可以进一步研究其构成、平均水平及变动规律。它是进行统计分析的一种重要手段，是统计整理的重要表现形式，在统计研究中具有十分重要的意义。

根据分组标志特征的不同，次数分布数列可以分为品质分布数列和变量分布数列。

(一)品质数列

按品质标志分组形成的次数分布数列叫品质分布数列，简称品质数列(见表 3－4)；它是用来观察总体单位中不同属性的单位分布情况的数列。

表 3—4　　某企业职工性别分布

性　别	人数(人)	比重(%)
男	420	53.2
女	370	46.8
合　计	790	100.0

对于品质数列，如果分组标志选择恰当，现象性质上的差异就表现得比较明显，总体中各组的划分也就比较容易。但要注意在分组时，应包括分组标志的所有表现，不能有遗漏，各种表现要互相独立，不得相融。

(二)变量数列

变量数列是按数量标志分组形成的用来观察总体中不同变量值在各组的分布情况的数列(见表 3—5)。变量分为离散型变量和连续型变量。对这两类变量，在编制变量数列时，其方法是不同的：对于连续型变量，一般只能以变量值的一定变动范围为一组，编制组距式变量数列；对于离散型变量，一般将每个变量值作为一组，编制单项式变量数列。但在实际应用时，如果连续型变量的变量值数目不多、数值变动幅度不大，就可以编制单项式变量数列；如果离散型变量的变量值数目很多，不方便一一列举，也可以编制组距式变量数列。

1. 单项变量数列

单项变量数列是按数量标志分组后，用一个变量值代表一个组形成的数列(见表 3—5)。

表 3—5　　某车间工人日产零件情况

按日产量分组(件)	工人人数(人)	比重(%)
8	1	6
9	2	10
10	3	17
11	5	28
12	4	22
13	3	17
合　计	18	100

单项变量数列一般在变量值不多，且变量值的变动范围不大、变量呈离散型的条件下采用。如表 3—5 中工人的日产量最高是 13 件，最低是 8 件，最大相差数仅 5 件，且变量值只有 6 个，因而可以采用单项变量数列来反映。

2. 组距变量数列

组距变量数列是按照数量标志分组后，用变量值变动的一定范围(即组距)代表一个组所形成的数列(见表 3—6)。

表 3—6　　某地区商业企业销售收入统计

销售收入(万元)	企业数(个)	比重(%)
100 以下	20	7.14
100～150	40	14.29
150～200	160	57.14
200 以上	60	21.43
合　计	280	100.00

当变量值较多、变量值变动的范围也比较大时，编制单项变量数列会使分组数过多、总体单位过于分散，不便于分析问题，这时应当采用组距变量数列。

在组距式变量中，需要明确以下各要素：

(1)组限。在组距式变量数列中，各组的界限的变量值称为组限。其中较小的变量值称下限，较大的变量值称上限。如表 3－6 中，100，150，200 等都是组限，第二组中的 100 是下限、150 是上限。如果各组的组限都齐全，称该组为闭口组；组限不齐全，即最小组缺下限或最大组缺上限，称为开口组。如表 3－6 中第一组和第四组。划分连续型变量组限时，采用重叠分组和上限不在本组内原则，每组变量值都以下限为起点，上限为极限，但不包括上限。划分离散型变量组限时，相邻组的上下限应当间断，但在实际中为求简便也可采用重叠分组。

(2)组距。各组上限与下限之间的距离叫组距，即：

$$\text{组距}=\text{上限}-\text{下限}$$

表 3－6 中第二组的组距为 50 万元(150－100)。组距式变量数列，有等距和异距两种。等距变量数列，是指各组的组距都相等，它适用于现象变动比较均匀的情况，如收入水平分组、成绩分组等。一般而言，在总体中变量值分布不均衡且变动范围大的情况下，或是为了特定的研究目的时，常常采用异距分组。如人口的年龄分组常采用异距分组。

(3)组中值。上限与下限之间的中点值叫组中值，即：

$$\text{组中值}=\frac{\text{上限}+\text{下限}}{2}$$

例如，表 3－6 中第二组组中值为 125 万元[(150＋100)÷2]。

开口组的组中值按下列公式计算：

$$\text{缺下限的最小组的组中值}=\text{上限}-\frac{\text{相邻组的组距}}{2}$$

$$\text{缺上限的最大组的组中值}=\text{下限}+\frac{\text{相邻组的组距}}{2}$$

例如，表 3－6 中，第一组的组中值为 75 万元[100－(150－100)÷2]，第四组的组中值为 225 万元[200＋(200—150)÷2]。

组距式分组掩盖了各组标志值的分布情况，为了反映各组标志值的一般水平，通常用组中值作为各组的代表值。利用组中值的前提是假定各组变量的分布是均匀的或对称的，但在实际工作中大多数资料并非如此，因此组中值作为各组的代表值只是一个近似值。

二、变量数列的编制

(一)单项式变量数列的编制

以下将根据本章案例引导中 40 名同学高数的成绩编制单项式变量数列。

首先，将总体各单位标志值由小到大排列，结果如下：

46	53	62	64	66	68	68	69	70	75
75	76	77	78	78	78	78	79	79	80
80	80	81	82	83	84	84	85	85	85
86	88	89	91	91	91	95	95	98	99

其次，以总体各单位标志值为各组标志值，以总体各单位标志值出现的次数为各组次数，编制单项式变量数列，见表 3－7。

表 3—7 某班 40 名同学高数成绩分组

成绩(分)	频数(人)	成绩(分)	频数(人)
46	1	80	3
53	1	81	1
62	1	82	1
64	1	83	1
66	1	84	2
68	2	85	3
69	1	86	1
70	1	88	1
75	2	89	1
76	1	91	3
77	1	95	2
78	4	98	1
79	2	99	1

从表 3—7 可以看出，利用所给资料我们编制成了单项式变量数列，但很难看出 40 名学生成绩的分布特点。即在数据较多的情况下，单项式变量数列分组由于组数较多而不便于观察数据分布的特征和规律，而且对于连续变量也无法采用这种分组方法。因此，对于连续变量或变量值较多的情况，可采用组距分组。

(二)组距式变量数列的编制

承上例，编制组距式变量数列一般采用如下几个步骤：

第一步，计算全距。将原始数据按数值大小排列，确立最大变量值和最小变量值，二者之差就是全距(R)。上例中全距＝99－46＝53(分)。全距表明变量值变动的幅度，是确定组数与组距的依据。

第二步，确定组数和组距。组距式数列中，一般是用变量值变动的一定范围代表一个组，每个组的最大值为组的上限，最小值为组的下限。每个组上限和下限之间的距离称为组距。组距式数列中共有多少个组称为组数。编制组距式数列必须确定组距和组数。在同一变量数列中，组数的多少与组距的大小是相互制约的。组数越多，组距越小；组数越少，组距越大；二者成反比例变化。

对于组距、组数的确定，应视具体情况而定。一般应考虑以下几点：一要尽量反映出总体单位分布情况及总体的集中趋势；二要尽可能区分组与组之间性质上的差异，通过数量差异反映质的变化，同时组距最好取整数。一般来讲，组数确定为 5～7 为宜。

在确定组距和组数时，一般没有一定的规律可循，必须根据统计研究的实际需要和数据的变化特点灵活地加以掌握。组距和组数的确定没有顺序规定，即可以先根据数据的变化特征确定组距，也可以在事先对研究对象的性质比较了解的情况下，先确定组数，然后确定组距，但组数必须是整数。

在等距分组时，组距与组数的关系如下：

$$\text{组数}=\frac{\text{全距}}{\text{组距}}$$

上列中，对数据资料进行定性分析，可按成绩分成优秀、良好、中等、及格、不及格五个组，组距为10分。

第三步，确定组限和组中值。确定组限要注意以下几点：

(1)最小组的下限(起点值)可以略低于最小变量值，最大组的上限(终点值)可以略高于最大变量值；

(2)如果组距是5，10，…，100，则每组的下限最好是它的倍数；

(3)组限的具体表示方法应视变量的性质而定。

第四步，根据分组整理成频数分布表。

对上面的数据进行分组，可得到频数分布，见表3－8。

表3－8　　某班40名学生高数成绩分组

按成绩分组(分)	频数(人)	频率(%)	组中值
60以下	2	5.0	55
60～70	6	15.0	65
70～80	11	27.5	75
80～90	14	35.0	85
90～100	7	17.5	95
合　计	40	100.0	—

采用组距分组时，一定要遵循不重不漏的原则。不重是指一项数据只能分在其中的某一组，不能在其他组中重复出现；不漏是指组别能够穷尽，即在所分的全部组别中每项数据都能分在其中的某一组，不能遗漏。

为解决不重的问题，统计分组时习惯上规定上组限不在内，即当相邻两组的上下限重叠时，恰好等于某一组上限的变量值不算在本组内，而计算在下一组内。例如，在表3－8的分组中，80这一数值不计算在“70～80”这一组内，而计算在“80～90”组中，其余类推。

在组距分组中，如果全部数据中的最大值和最小值与其他数据相差悬殊，为避免出现空白组(没有变量值的组)或个别极端值被漏掉，第一组和最后一组可以采取“××以下”及“××以上”这样的开口组。

在组距分组时，如果各组的组距相等则称为等距分组，如上面的分组。有时对于某些特殊现象或为了特定研究的需要，各组的组距也可以是不相等的，称为不等距分组。比如，对人口年龄的分组，可根据人口成长的生理特点分成0～6岁(婴幼儿组)、7～17岁(少年儿童组)、18～59岁(中青年组)、60岁以上(老年组)等。

组距分组掩盖了各组内的数据分布状况，为反映各组数据的一般水平，通常用组中值作为该组数据的一个代表值，即：

组中值＝(下限值＋上限值)/2

但这种代表有一个必要的假定条件，即各组数据在本组内呈均匀分布或在组中值两侧呈对称分布。如实际数据的分布不符合这一假定，用组中值作为一组数据的代表值会有一定的误差。

另外，从表3－8这个组距式变量中可以看到，40名学生的成绩主要集中在70～90分(占62.5%)。在某一变量数列中，标志值构成的数列表示标志值的变动幅度，而频数构成的数列则表示相应标志值的作用程度。因此，在整理和分析的时候，我们不但要注意各组标志值的变动范围，也要注意各组标志值的作用大小，即频数的大小。将各组单位数和总体单位数相比，既可以表明各组标志值出现的频率的大小，也可以表明各组标志值对总体的相对作用程度。按顺序列出各组标志值的范围（或以各组组中值来代表）和相应的频率形成的次数分布，又称统计分布。

第五步，计算累计频数和累计频率。在研究次数分布的时候，为了统计分析的需要，有时需要观察某一数值以下或某一数值以上的频数之和，这就需要在分组的基础上计算出累计频数。可以从变量值小的一方向变量值大的一方累加频数，称向上累计；也可以从变量值大的一方向小的一方累加频数，称为向下累计。例如，在表 3－8 的基础上可以得到表 3－9。

表 3－9　　某班 40 名同学高数成绩分组

按成绩分组(分)	频数(人)	频率(%)	向上累计		向下累计	
			频数(人)	频率(%)	频数(人)	频率(%)
60 以下	2	5.0	2	5.0	40	100.0
60～70	6	15.0	8	20.0	38	95.0
70～80	11	27.5	19	47.5	32	80.0
80～90	14	35.0	33	82.5	21	52.5
90～100	7	17.5	40	100.0	7	17.5
合　计	40	100.0	—	—	—	—

累计频数和累计频率可以更简便地概括总体各单位的分布特征。表 3－9 中，向上累计频数和频率数据表明，60 分以下学生有 2 人，占全部人数的 5%。向下累计表明，该班有 95%的同学成绩在中等以上，52.5%的同学成绩在良好以上。由此可见，该班高数成绩反映情况正常。

三、次数分布的主要类型

次数分布是统计描述的一种重要方法，在自然或社会现象中，各种不同性质的现象有着各自特殊的次数分布。概括起来，主要有钟形、U 形和 J 形分布三种。

(一)钟形分布

钟形分布的特征是“两头小，中间大”，即靠近中间的变量值分布的次数多，靠近两端的变量值分布的次数少。将变量值与其对应的频数在直角坐标系中对应的点连接起来绘制成曲线图，宛如一口钟，所以又称钟形分布。

如果次数分配并不是完全对称，则称为非对称分布或偏态分布，通常有左偏态和右偏态两种；如果次数分配是完全对称，则称为对称分布或正态分布。正态分布是实际生活中最重要、最常见的分布，许多现象（如人的身高、农作物平均产量、零件公差等）统计总体的分布都趋于正态分布。如图 3－1 所示。

(二)U 形分布

U 形分布的特征是：靠近中间的变量值分布的次数少，靠近两端的变量值分布的次数多，形成“两头大，中间小”，即接近两端的变量值分布的次数多，接近中间的变量值分布的次数少，将这种分布绘成曲线，像英文字母“U”的形状，所以称为U形分布。如图3－2所示。

例如，人口死亡率按年龄分布的情况是：0～4岁特别是未满1岁的婴儿，死亡率最高；从5岁起死亡率逐渐下降；至10～14岁时，达到最低水平；从15岁起又缓慢上升；50岁以后上升显著增快；到60岁以后又达到最高水平。

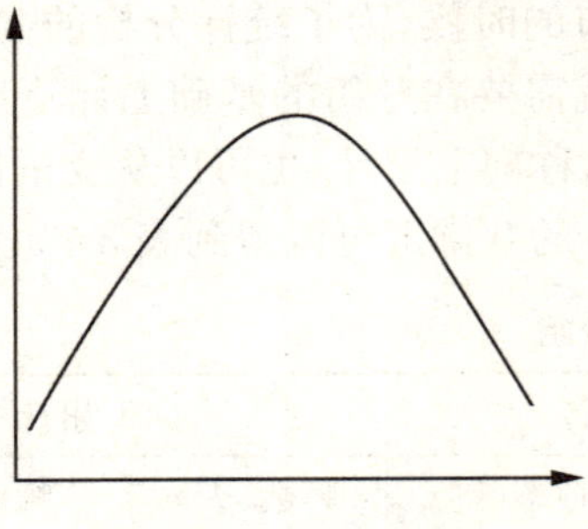

图3－1　钟形分布

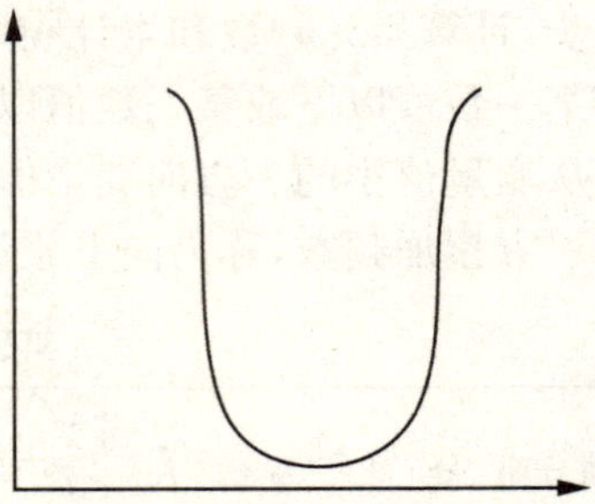

图3－2　U形分布

(三)J形分布

J形分布的特征是“一边小，一边大”，即大部分变量值集中在某一端分布。

J形分布有正反J形两种类型。正J形分布是次数随着变量值的增大而增多，如图3－3(a)所示；反J形分布是次数随着变量值的增大而减少，如图3－3(b)所示。投资额按利润率大小分布，一般呈正J形分布：人口总体按年龄大小分布，一般呈反J形分布。

(a)　　(b)

图3－3　J形分布

帮你学

1. 单项式变量数列一般在变量值不多，且变量值的变动范围不大、变量呈离散型的条件下采用。

2. 当变量值较多、变量值变动的范围也比较大时，编制单项式变量数列会使分组过多、总体单位过于分散，不便于分析问题，这时应当采用组距式变量数列。

第四节　统计表

统计表是表现统计资料的一种形式，是统计设计的重要内容。科学地设计好统计表必须先了解统计表的意义、构成、种类和设计原则。

一、统计表的意义

统计表是经过大量调查得来的统计资料经过汇总整理以后，按照一定的规定和要求填列在相应的表格内形成的。广义的统计表包括统计活动各个阶段中所用的一切表格，在搜集资料、整理资料、积累资料和分析资料时都要用到。

统计表是表现统计资料最常用的形式。其显著优点是：(1)能使统计资料的排列条理化、系统化、标准化，一目了然；(2)能科学、合理地组织统计资料，便于阅读、对照比较和分析。

二、统计表的构成

(一)从统计表的形式看

统计表主要由四部分构成：

(1)总标题。总标题是统计表的名称，一般位于表的上端中央，用来概括说明统计表所反映的统计资料的内容。

(2)横行标题。横行标题是横行的名称，一般位于表的左方，用来表明统计资料反映的总体及其分组的名称。

(3)纵栏标题。纵栏标题是纵栏的名称，一般位于表的上方，用来表明统计指标的名称。

(4)指标数值。指标数值列在各横行标题和各纵栏标题的交叉处，具体反映其数字状况。

(二)从统计表的内容看

统计表由主词和宾词两部分组成，主词是反映统计表所要说明的单位、总体及分组；宾词则说明主体栏的各种统计指标。如表 3—10 所示。

总标题

表 3—10　　某年我国固定资产投资分地区情况

	完成投资额(亿元)	增长百分数(%)	占全部投资的比重(%)
东部地区	12 188	17.5	62.7
中部地区	4 121	20.7	21.2
西部地区	2 387	21.1	12.3

(图注：左侧行标题为“横行标题”；右侧表头为“纵栏标题”，数据为“指标数值”；左栏为“主词栏”，其余为“宾词栏”。)

横行标题　纵栏标题　指标数值　主词栏　宾词栏

二、统计表的种类

统计表按照总体分组情况不同，可分为简单表、分组表和复合表。

(一)简单表

简单表是指统计总体未经任何分组的统计表。有时它只将总体单位简单排列或将现象的指标按时间顺序排列。如表 3—11 所示。

表 3—11

我国国内生产总值

（按当年价格计算）

单位:亿元

年　份	国内生产总值	年　份	国内生产总值
2005	185 895.8	2010	408 903.0
2006	217 656.6	2011	484 123.5
2007	268 019.4	2012	534 123.0
2008	316 751.7	2013	588 018.8
2009	345 629.2	2014	636 138.7

资料来源:《中国统计年鉴(2015)》。

(二)分组表

分组表是指统计总体按一个标志进行分组后形成的统计表。如表 3—12 所示。

表 3—12

某学期某班统计学成绩

按成绩分组	人数(人)	比重(%)
优秀	5	12.5
良好	12	30.0
中等	15	37.5
及格	5	12.5
不及格	3	7.5
合　计	40	100.0

(三)复合表

复合表是指主词按两个或两个以上标志进行复合分组的统计表。如表 3—13 所示。

表 3—13

某年年末某地区人口数

按城乡和性别分组	人口数(万人)	比重(%)
全地区总人口	3 826	100.0
一、城镇	2 783	72.7
男性	1 419	37.1
女性	1 364	35.6
二、农村	1 043	27.3
男性	532	13.9
女性	511	13.4

三、统计表的编制规则

统计表的编制应遵循科学、实用、简明、美观的原则,具体要注意以下几方面:

(1)统计表的总标题和纵横标目(题)能准确、简明扼要地反映统计资料的内容,总标题还应标明资料所属的时间和空间。

(2)根据统计表的内容,全面考虑表的布局,合理安排主词栏和宾词栏,避免出现统计表过长、过短、过宽、过窄的现象,使表的大小适度、比例恰当、醒目美观。

(3)统计表中的指标数值都是有计量单位的,必须标写清楚。计量单位都相同时,将其写在表的右上角;横行的计量单位相同时,在横行标题后列计量单位栏;纵栏的计量单位相同时,将其标在纵栏标题下方或右方。

(4)统计表中的横线要清晰,顶线和底线要粗些,各部分的界限宜粗些,其他线条要细些,表的左右侧一般不划封口线。

(5)当表的栏数较多时,要统一编写序号、主词和计量单位等栏,用(甲)(乙)(丙)等文字表明;宾词指标各栏用(1)(2)(3)等数字编号。各栏之间若有计算关系,可以用数字符号表示。如(4)=(2)×(3),表示第(4)栏等于第(2)栏乘以第(3)栏。

(6)填写统计数字和文字时,书写要工整、清晰,当数字与其左、右或上、下相同时,仍要填写完整,不能填"同左""同右"或"同上""同下"等文字。

(7)表中数字应该填写整齐、对准数位,当数字为0或因数小而可忽略不计时,要写上0;当缺乏某项资料时,用符号"…"表示;不应有数字时用符号"—"表示。

(8)必要时,统计表应加注说明或注解。

本章小结

1. 统计整理的概念。统计整理是根据统计研究的目的和任务的要求,对统计调查所搜集到的原始资料进行分组、汇总,使其系统化、条理化、科学化,从而得到表现总体特征的综合统计资料的工作过程。

2. 统计整理的步骤:(1)设计和编制统计资料整理方案;(2)对原始资料进行审核;(3)对各项原始资料进行统计分组并统计汇总;(4)将汇总的结果以统计表或统计图的形式表现出来;(5)统计资料进行系统积累和保管。

3. 统计分组是根据研究任务的要求和所研究事物的特点,按照一定标志将统计总体划分为若干个组成部分的一种统计方法。它是在统计总体内部进行的一种定性分类。

4. 统计分组的关键是选择分组标志和划定组间界限。选择分组标志要做到:(1)根据研究目的选择分组标志;(2)选择反映事物主要特征的标志;(3)根据现象的历史条件及经济条件来选择分组标志。分组标志选定以后,就要根据事物的特点,严格划清组与组间的界限,不容混淆。

5. 统计分组的方法按照分组标志的性质不同,分为按品质标志分组和按数量标志分组。按分组标志多少划分,分为简单分组和复合分组。

6. 分配数列。分配数列是指将总体按某一标志分组,并按一定顺序排列出每组总体单位数,所得到的数列,又称次数分布。在分配数列中,分布在各组的总体单位数叫作次数或频数。各组次数与总次数之比叫作比重、比率或频率。

7. 如果将总体按品质标志分组就形成品质分布数列,按数量标志分组就形成变量分布数列。变量数列又可分为单项变量数列和组距变量数列。单项变量数列是每一个具体变量值代表一个组。组距变量数列是按数量标志分组后,用变量值变动的一定范围(组距)代表一个组所形成的数列。

8. 组距变量数列的编制步骤:(1)将原始数据按数值大小排列并计算全距;(2)确定组数和组距;(3)确定组限和组中值;(4)根据分组整理成频数分布表。

9. 编制从统计表的形式看,统计表主要由四部分构成:总标题、横行标题、纵栏标题、指标数值;从统计表的内容看,统计表由主词和宾词两部分组成。统计表按照总体分组情况不同,可分为简单表、分组表和复合表。

10. 统计表的编制原则:科学、实用、简明、美观。

技能训练

一、单项选择题

1. 统计分组的关键问题是(　　)。

A. 确定分组标志和划分各组界限　　B. 确定组距和组数

C. 确定组距和组中值　　D. 确定全距和组距

2. 某连续变量数列,其末组为 500 以上,又知其邻近组的组中值为 480,则末组的组中值为(　　)。

A. 540　　B. 510　　C. 530　　D. 520

3. 按品质标志分组,分组界限的确定有时会发生困难,这是由于(　　)。

A. 组数较多　　B. 标志变异不明显

C. 两种性质变异间存在过渡形态　　D. 分组有粗有细

4. 某连续变量数列,其末组为开口组,下限为 200,又知其邻组的组中值为 170,则末组组中值为(　　)。

A. 260　　B. 215　　C. 230　　D. 185

5. 下列分组中按品质标志分组的是(　　)。

A. 人口按年龄分组　　B. 产品按质量优劣分组

C. 企业按固定资产原值分组　　D. 乡镇按工业产值分组

6. 对企业先按经济类型分组,再按企业规模分组,这样的分组属于(　　)。

A. 简单分组　　B. 平行分组　　C. 复合分组　　D. 再分组

7. 用组中值代表各组内的一般水平的假定条件是(　　)。

A. 各组的次数均相等　　B. 各组的组距均相等

C. 各组的变量值均相等　　D. 各组次数在本组内呈均匀分布

8. 对统计总体按两个及以上标志分组后形成的统计表叫(　　)。

A. 简单表　　B. 简单分组表　　C. 复合分组表　　D. 汇总表

9. 对某地区的全部商业企业按实现的销售额多少进行分组,这种分组属于(　　)。

A. 变量分组　　B. 属性分组　　C. 分组体系　　D. 复合分组

10. 在频数分布中,频率是指(　　)。

A. 各组频数之比　　B. 各组频率之比

C. 各组频数与总频数之比　　D. 各组频数与各组次数之比

11. 频数分布用来表明(　　)。

A. 总体单位在各组的分布状况　　B. 各组变量值构成情况

C. 各组标志值分布情况　　D. 各组变量值的变动程度

12.在分组时,若有某单位的变量值正好等于相邻组的下限,一般应将其归在(　　)。

A. 上限所在组　　B. 下限所在组　　C. 任意一组均可　　D. 另设新组

13.编制组距数列时,在全距不变的情况下,组距与组数的关系是(　　)。

A. 正例关系　　B. 反比例关系　　C. 乘积关系　　D. 毫无关系

14. 统计表的宾词是用来说明总体特征的(　　)。

A. 标志　　B. 总体单位　　C. 统计指标　　D. 统计对象

15. 统计表的主词是统计表所要说明的对象，一般排在统计表的(　　)。

A. 左方　　B. 上端中部　　C. 右方　　D. 下方

16. 下列分组中按品质标志分组的是(　　)。

A. 企业按年销售额分组　　B. 产品按等级分组

C. 学生按学习成绩分组　　D. 人口按年龄分组

17. 企业按经济类型分组和按职工人数分组，这两个统计分组是(　　)。

A. 按数量标志分组　　B. 前者按数量标志分组，后者按品质标志分组

C. 按品质标志分组　　D. 前者按品质标志分组，后者按数量标志分组

18. 次数分配数列是(　　)。

A. 按数量标志分组形成的数列　　B. 按品质标志分组形成的数列

C. 按数量标志或品质标志分组形成的数列　　D. 按总体单位数分组形成的数列

19. 划分连续型变量的组限时，相邻组的组限必须(　　)。

A. 间断　　B. 不等　　C. 重叠　　D. 有一段间隔

20. 将某地 100 个商店按销售额分组而编制的变量数列中，变量值是(　　)。

A. 销售额　　B. 商店数　　C. 各组的销售额　　D. 各组的商店数

二、多项选择题

1. 统计分组的作用在于(　　)。

A. 区分现象的类型　　B. 反映现象总体的内部结构变化

C. 比较现象间的一般水平　　D. 分析现象的变化关系

E. 研究现象之间数量的依存关系

2. 下表表示的分布数列所属的类型为(　　)。

按劳动生产率分组(件/人)	职工人数(人)
50～60	10
60～70	20
70～80	26
80～100	17
总　和	73

A. 品质数列　　B. 变量数列　　C. 分组数列　　D. 组距数列

E. 等距数列

3. 下列分组是按品质标志分组的有(　　)。

A. 人口按性别分组　　B. 企业按产值多少分组

C. 家庭按收入水平分组　　D. 在业人口按文化程度分组

E. 宾馆按星级分组

4. 对统计数据准确性审核的方法有(　　)。

A. 计算检查　　B. 逻辑检查　　C. 时间检查　　D. 调查检查

E. 平衡检查

5. 下列分组属于按数量标志分组的是(　　)。

A. 职工按文化程度分组　　B. 固定资产按用途分组

C. 家庭按收入按水平分组　　D. 学生按健康状况分组

E. 企业按生产计划完成程度分组

6.从形式上看，统计表由(　　)构成。

A. 总标题　　B. 主词　　C. 纵栏标题　　D. 横行标题

E. 宾词

7. 按主词是否分组，统计表可分为(　　)。

A. 单一表　　B. 简单表　　C. 分组表　　D. 复合表

E. 综合表

8. 统计数据的审核主要是审核数据的(　　)。

A. 准确性　　B. 及时性　　C. 完整性　　D. 科学性

E. 代表性

9. 统计数据整理的内容一般有(　　)。

A. 对原始数据进行预处理　　B. 对统计数据进行分组

C. 对统计数据进行汇总　　D. 对统计数据进行分析

E. 编制统计表、绘制统计图

10. 国民经济中常用的统计分组有(　　)。

A. 经济成分分组　　B. 登记注册类型分组

C. 国民经济行业分类　　D. 三次产业分类

E. 机构部门分类

11. 某单位 100 名职工按工资额分为 300 元以下、300～400 元、400～600 元、600～800 元、800 元以上五个组。这一分组(　　)。

A. 是等距分组　　B. 分组标志是连续型变量

C. 末组组中值为 800 元　　D. 相邻的组限是重叠的

E. 某职工工资 600 元，应计在“600～800”元组内

12. 变量数列中频率应满足的条件是(　　)。

A. 各组频率大于 1　　B. 各组频率大于 0

C. 各组频率之和等于 1　　D. 各组频率之和小于 1

E. 各组频率之和大于 0

三、判断题(把“√”或“×”填在题后的括号里)

1. 统计整理的关键是编制统计表。(　　)
2. 能够对统计总体进行分组，是由统计总体中的各个单位所具有的“同质性”特点决定的。(　　)
3. 统计分组的关键问题是确定组距和组数。(　　)
4. 简单分组和复合分组的区别在于选择分组标志的多少不同。(　　)
5. 变量数列编制中，在条件不变的情况下，组数分得越多，组距也越大。(　　)
6. 连续型变量可以作单项式分组或组距式分组，而离散型变量只能作组距式分组。(　　)
7. 在确定组限时，最大组的上限应大于最大变量值。(　　)
8. 按数量标志分组所形成的变量数列就是次数分布数列。(　　)
9. 统计表的主词栏是用来说明总体的各种统计指标。(　　)
10. 把表现事物发展变化的一系列统计指标，按时间的先后顺序排列而成的分配数列叫作变量数列。

四、思考题

1. 什么是统计整理？简述统计整理的原则和步骤？
2. 统计数据分组的原则和方法是什么？
3. 统计分组的关键是什么？怎样正确选择分组标志？

4. 简要说明单项数列、组距数列的适用范围?

5. 编制组距数列时怎样确定组数和组距?

五、业务题

1. 有一个班学生的考试成绩如下:

89	88	76	99	74	60	82	60	93	99	94	82	77	79
97	78	87	84	79	65	98	67	59	72	56	81	77	73
65	66	83	63	89	86	95	92	84	85	79	70		

学校规定:60 分以下不及格,60～75 分为中,76～89 分为良,90～100 分为优。试把该班学生分为不及格、中、良、优四组,编制一张次数分布表。

2. 某班学生统计学原理考试成绩次数分布如下表所示:

考分	人数	比率	向上累计		向下累计	
			人数(人)	比率(%)	人数(人)	比率(%)
60 以下	2					
60～70	7					
70～80	11					
80～90	12					
90 以上	8					
合　计	40					

要求:根据上表资料,计算相应的数字,填入表中空格,并说明各指标的意义。

3. 某公司所属 20 家企业某月工业增加值资料如下:

企业编号	工业增加值	企业编号	工业增加值
A	46	K	24
B	68	L	78
C	118	M	92

续表

企业编号	工业增加值	企业编号	工业增加值
D	33	N	57
E	79	O	40
F	50	P	60
G	89	Q	72
H	27	R	58
I	127	S	66
J	99	T	74

要求:进行汇总,编制组距数列。

4. 某商业企业连续 40 天的商品销售数据(单位:万元)如下:

141	125	129	147	138	134	130	138	143	140
146	136	145	137	137	136	145	143	133	144
135	128	146	134	130	137	144	126	138	144
142	136	137	137	149	139	142	132	136	135

要求:对以上数据进行适当分组,编制次数分布表,并计算出累计频数和累计频率。

5.某超市有 20 名员工,其月工资(单位:元)分别如下:

750	858	900	1 023	1 200	865	1 000	950	1 100	1 120
780	880	1 020	1 050	1 130	1 500	1 340	858	1 010	1 480

要求:利用统计分组法,将上述 20 人分成三个组,并说明该超市月工资的分布特征。

第四章

总量指标和相对指标

【学习目标】

1. 理解问题指标的概念、作用;
2. 掌握问题指标的种类;
3. 理解相对指标的种类;
4. 掌握常见的几种相对指标的性质及计算方法;

【案例引导】

以下是来源于国家统计局统计公报的两组数据:

第一组:以2010年11月1日0时为标准时点,全国总人口为1 370 536 875人,同第五次全国人口普查2000年11月1日零时的1 265 825 048人相比,十年共增加73 899 804人,增长5.84%,年平均增长率为0.57%。总人口性别比(以女性为100,男性对女性的比例)由2000年第五次全国人口普查的106.74下降为105.20。

表4—1　第六次人口普查相关数据及构成　单位:人

指　标	年末数	比重%
全国总人口	1 370 536 875	100.00
其中:城镇	665 575 306	49.68
乡村	674 149 546	50.32
其中:男性	686 852 572	51.27
女性	652 872 280	48.73
其中:0～14岁	222 459 737	16.60
15～59岁	939 616 410	70.14
60岁及以上	177 648 705	13.26
其中:65岁及以上	118 831 709	8.87

第二组:"十二五"期间,我国通信发展水平快速提高。截至2014年,我国邮电业务总量21 846亿元(按2010年不变价格计算),比2010年增长90.4%,年均增长17.5%。移动互联

网产业方兴未艾,“宽带中国”战略加快实施。2014 年末,移动电话用户、互联网上网人数分别达到 12.9 亿户、6.5 亿人,分别比 2010 年增长 49.7%、41.9%;移动电话普及率、互联网普及率分别达到 94.5 部/百人、47.9%,分别比 2010 年提高 30.1 部/百人、13.6 个百分点。

以上资料中的这些数据分别反映了 2010 年我国人口基本情况和邮电业的发展情况,事实上,国家统计局每年都会有对各行业相应数据的公告。上述资料都包括哪些指标?你知道这些指标的意义吗?我们应如何理解它们?

通过本章的学习,你就会知晓答案了。

第一节 总量指标

一、总量指标概述

(一)总量指标的概念

总量指标是表明社会经济现象在一定时间、地点和条件下达到的规模或水平的统计指标,是最基本的指标,它的表现形式是绝对数,因此也称为绝对指标或绝对数。例如,2013 年我国粮食总产量达到60 193.8万吨,原煤总产量为 36.8 亿吨,原油总产量为20 946.81 万吨。这些都是总量指标。总量指标数值的大小随总体范围的大小而增加或减少,总体范围大,指标数值就大;总体范围小,指标数值就小。

有时总量指标也表现为同一总体在不同的时间、空间条件下的差数。例如,2012 年我国粮食总产量为58 958万吨,2013 年我国粮食总产量比 2012 年增加了1 235.8万吨,这一增加量也是总量指标。总量指标作为增加量时,其数值表现为正值;作为减少量时,其数值表现为负值。

(二)总量指标的作用

总量指标是统计中最基本的指标,在实际统计工作中应用十分广泛。其作用可概括为以下三点:

(1)总量指标可以反映被研究现象总体的基本状况和基本实力,是我们认识被研究现象总体的起点。总量指标常用来反映一个国家的国情和国力,反映一个地区、部门或单位的规模、水平、基本经济状况和经济实力。例如,一个国家的粮食总产量、国内生产总值、钢铁产量、土地面积、石油储藏量等总量指标,标志着该国的生产水平和经济实力;一个地区的商品零售额、零售商业机构数等总量指标,标志着该地区的消费水平。

(2)总量指标是制定方针政策、编制计划和检查计划执行情况,实施社会经济和企业管理的重要依据。方针政策的制定和出台不会是空穴来风,往往要以大量的统计数据为依据,这其中就包括许多总量指标。

(3)它是计算其他指标的基础。相对指标和平均指标都是以总量指标为基础派生的指标。例如,职工出勤率为出勤职工人数与职工总数之比;某地区人口密度为该地区人口数与该地国土面积之比等等。

二、总量指标的种类

(一)总量指标按其说明总体内容不同,分为总体单位总量和总体标志总量

总体单位总量就是总体单位数,它是由每个总体单位相加汇总得到的。比如,以全国普通高校为总体,2015 年全国共有普通高校2 824所,2 824所就是反映总体的单位数。又如,以某企业工人为总体,工人人数就是反映总体的单位总量,它是由每个总体单位相加汇总而得到的。

总体标志总量,即总体各单位数量标志值之和,它是由总体单位的某一数量标志值相加汇总得到的。例如,研究某市国有企业的经营情况,则该市国有企业总数是单位总量,而该市国有企业的利税总额、职工人数、工资总额等是标志总量。

需要指出的是,单位总量和标志总量的地位随着统计研究目的的不同和研究对象的变化而变化。当以工业企业为总体时,职工人数是标志总量;当以全部职工为总体时,职工人数则是单位总量。

(二)总量指标按其反映的时间状况不同,分为时期指标和时点指标

1. 时期指标

时期指标是表明社会经济现象在一段时期内发展的总结果。例如,国内生产总值、商品销售额、利润总额、粮食产量等。

时期指标具有以下特点:

(1)可以累计相加。时期指标表明现象在一段时期内活动过程的总成果。若干个时期指标相加,就得到一个更长时期的累计总量,这些结果仍然是时期指标。例如,某月的产量是该月内每日产量的累计总量。

(2)时期指标数值的大小与计算时期的长短有直接关系。一般情况下,时期越长,指标数值就越大;反之则越小。例如,一年的销量必然大于该年某一季度的销量,一个季度的销量必然大于其中某一个月的销量。

2. 时点指标

时点指标是反映社会经济现象在某一时点(或某一时刻)上存在的总数量。如人口数、商品库存量、牲畜存栏数、储蓄存款余额等。

时点指标具有以下特点:

(1)不能累计相加。时点指标是表明现象在某一时点上的状况,只能按时点所表示的瞬间计数,若累计相加,所得到的结果包含着大量重复计算,不仅脱离实际而且也没有任何意义。

(2)时点指标数值的大小与时点的间隔长短无直接关系。例如,某种原材料的年末库存量不一定比该年某月末或某季末的库存量大。

3. 时期指标与时点指标的区别

现举例说明时期指标和时点指标的区别。

产品销售量是时期指标,月销售量是对每天的销售量累计得到的,同样,将 3 个月的销售量相加就是一个季度的销售量,将 4 个季度的销售量相加就是一年的销售量,一年的销售量大于一个季度的销售量,一个季度的销售量大于一个月的销售量。商品库存量是时点指标,比如,某种商品 1 月 1 日库存量为 150 件,5 月 1 日库存量为 120 件,8 月 1 日为 180 件,而 12 月 1 日为 178 件。1 月 1 日至 5 月 1 日间隔 4 个月,其数值却减少了;从 5 月 1 日到 8 月 1 日间隔 3 个月,指标值似乎大了。但这只是现象发展变化差异的结果,而不是因为间隔长短的缘故。随着时间推移,到了 12 月 1 日,指标数值反而比 8 月 1 日还要小,即时点指标的大小与时点的间隔长短无直接关系。

帮你学

指标名称	指标特点
时期指标	1. 可加性，不同时期的指标数值相加具有实际意义 2. 时期指标数值大小与时期长短有直接关系，时期长指标数值就大，反之就小 3. 时期指标是连续登记、累计的结果
时点指标	1. 不可加，各时点指标数值相加后不具有实际意义 2. 时点指标数值的大小与时点间隔长短无直接关系 3. 时点指标数值是间断计数的

第二节　相对指标

一、相对指标的意义和作用

(一)相对指标的概念

相对指标是两个有联系的现象数量进行对比求得的，其结果表现为相对数，故也将相对指标称为相对数。例如，2013 年农业生产总值达到51 497.4亿元，如果将 2013 年的农业生产总值和 2012 年进行对比，可以看出同比增长 4.4%。这使得我们对农业生产的发展有了清晰的认识。所以相对指标为深入认识现象的发展状况提供了依据。

相对指标有无名数和有名数两种表现形式。

1. 无名数

无名数是一种抽象化的数值，常以系数或倍数、成数、百分数、千分数、翻番数等表示，应用比较广泛。

(1)系数或倍数。它是将对比的基数抽象为 1 而计算的相对指标。当对比的两个指标数值相差不大时，用系数表示；当分子较分母大得多时，常用倍数表示。

(2)成数。它是将对比的基数抽象为 10 而计算的相对指标。例如，今年的粮食产量比去年增产一成，即增产了 1/10。

(3)百分数。它是将对比的基数抽象为 100 而计算的相对指标。百分数是最常用的一种计量形式，一般用符号“%”来表示。另外，在经济分析中，还经常用到百分点的概念，常用于两个百分数相减的场合，一个百分点就是 1%。

(4)千分数。它是将对比的基数抽象为 1 000 而计算的相对指标。在对比的两个指标数值中，如果分子比分母的数值小得很多时，用千分数表示，常用符号“‰”来表示，如人口出生率和死亡率等。

(5)翻番。表示基期数值按几何级数成倍的增长，即 $2^n(n=1,2,3,\cdots)$。它是发展速度的一种特殊表现形式。如翻一番就是比基期数值增加一倍，翻两番就是在基期数值增加一倍的基础上再增加一倍。

2.有名数

有名数是将相对指标中的分子与分母计量单位同时使用的双重计量单位的一种表示方法，主要用于部分强度相对指标。如人口密度用“人/平方公里”、商业网点密度用“人/每个商业网点”。

(二)相对指标的作用

1.相对指标可以说明事物的发展程度或事物之间的互相联系程度、差别程度以及计划执行情况与经济效益状况等

总量指标虽然是反映现象总体规模或水平的重要指标，但它有时不易明显反映现象内部结构的数量特征和事物发展的程度。利用相对指标，可以较清楚地反映现象内部结构和现象之间的数量联系程度，对现象进行更深入的分析和说明。例如，某地区粮食产量 2016 年比 2015 年增长了 20%，说明了该地区粮食生产的发展程度。又如，2015 年甲商场销售额是乙商场销售额的 1.25 倍，说明了两个商场销售情况的差别程度。

2.便于比较和分析研究对象

对于基础不同、不能用总量指标直接进行比较的，通过相对指标却使它们之间能够进行比较。例如，2015 年甲、乙两家企业的利税总额分别是 1 000 万元和 800 万元，直接依据这两个数字的大小来判断两个企业经济效益的好坏，难免会产生认识上的偏差，似乎甲企业经营效益更好。事实上，甲企业资本金为 1 亿元，乙企业资本金为 5 000 万元，则甲企业资金利税率为 10%，乙企业资金利税率为 16%，显然，乙企业经营效益更好。所以，我们不仅要看企业的产出，还要考虑企业的投入，用资金利税率等相对指标来对生产规模不同的企业经济效益进行评价则更为客观和合理。

二、相对指标的种类和计算方法

(一)结构相对指标

结构相对指标是将总体划分为若干组，求出各组总量占总体总量的比重，用来反映总体内部的组成情况。总体内各组的结构相对指标数值之和等于 100%，其计算公式为：

$$结构相对指标=\frac{各组总量指标数值}{总体总量指标数值}\times 100\%$$

结构相对指标一般用百分数或系数表示，分子分母是不能互换的，总体总量指标必须做分母。

[例 4—1] 某高校 2015 级入学新生有关资料如表 4—2 所示：

表 4—2 某高校 2015 级入学新生资料

按性别分组	学生数(人)	比重(%)
男	1 800	56.25
女	1 400	43.75
合　计	3 200	100.00

根据以上资料，该校新生入学总数3 200人，按性别分组，其中男生 1 800 人，女生1 400人，则男生人数占新生总数的 56.25%，女生人数占新生总数的 43.75%。

运用结构相对指标时，要以统计分组为前提。只有将总体区分为不同性质的各个部分，才能计算结构相对指标，求出各组总量在总体总量中所占的比重，反映总体的构成。由于结构相对指标是总体的部分数值与全部数值之比，因此各部分所占比重之和必须等于 100%或 1。

(二)比例相对指标

比例相对指标是反映同一总体内部各个组成部分之间的数量对比关系的相对指标，其计

算公式为：

$$比例相对指标=\frac{总体中某部分指标数值}{总体中另一部分指标数值}$$

例 4—1 中，该校新生中男生与女生的男女性别比为 9∶7。

比例相对指标能够反映事物内部各部分之间的数量联系程度和比例关系。社会经济生活中的许多重大比例关系，如人口的性别比例关系，积累与消费的比例关系，农业、轻工业与重工业的比例关系等，都可以通过计算比例相对指标来反映。比例相对指标的分子分母是可以互换的。

(三)比较相对指标

比较相对指标是同类指标在同一时间不同空间上对比的结果。不同空间可以是不同国家、不同地区、不同部门、不同单位等。比较相对指标主要用来表明同类事物在不同空间条件下发展的不均衡程度和差异程度。其计算公式为：

$$比较相对指标=\frac{甲空间上某项指标数值}{乙空间上同类指标数值}$$

[例 4—2] 2013 年第一季度，俄罗斯原油日产量为 1 050 万桶，美国原油日产量为 745 万桶。

比较相对指标＝1 050÷745＝1.41

它表明 2013 年一季度俄罗斯的原油日产量是美国的 1.41 倍。

比较相对指标的分子分母是可以互换的。比较相对指标可以揭示现象之间的差异程度。根据分析说明的目的和方式不同，比较相对指标所对比的指标可以是总量指标，也可以是相对指标或平均指标。它既可用于不同国家、地区、单位之间的比较，也可用于先进与落后的比较。通过对比可以揭示同类现象之间先进与落后的差异程度。

(四)强度相对指标

强度相对指标是两个性质不同但有一定联系的总量指标数值之比，用来反映现象的强度、密度和普遍程度，其计算公式为：

$$强度相对指标=\frac{某一总体的总量指标}{另一性质不同而有联系的总体的总量指标}$$

强度相对指标数值的特点在于它是两个不同总体的总量之比，例如，以人口数与国土面积数对比得到的人口密度指标，人口数和国土面积分别是以不同总体确定的总量指标，两个不同总体的总量之比，就是强度相对指标。强度相对指标一般用有名数来表示，表现形式一般为复合单位，它由分子指标和分母指标原有的计量单位组成，如人均国内生产总值用“元/人”、人口密度用“人/平方公里”来表示等。有的强度相对指标也用无名数来表示，比如人口出生率、死亡率以千分数表示，流通费用率用百分数表示。

[例 4—3] 2015 年某地区有零售商店 2 000 个，人口 100 万人，则：

$$该地区商业网点密度=\frac{2\ 000}{1\ 000\ 000}=2(个/千人)$$

计算结果表明，该城市每千人拥有 2 个商业网点。指标数值越大，商业越发达，人民生活越方便，表示强度越高，这是正指标。如果把分子和分母对换，则：

$$该城市商业网点密度=\frac{1\ 000\ 000}{2\ 000}=500(人/个)$$

计算结果表明，该城市每个商业网点为 500 人服务。指标数值越大，需要被服务的人数越多，商业欠发达，即表示强度越低，这是逆指标。

强度相对指标的作用有以下几个方面：

(1)可以反映一个国家、地区或部门的经济实力并便于对比分析，如人均国民收入、人均粮食产量、人均钢产量等。

(2)可以说明为社会服务的能力，如按人口均摊的医生数或病床数、商业网点密度等。

(3)可以考虑企业或社会的经济效益。许多重要的经济效益指标都是强度相对指标，如利润率、商品流通费用率、资金占用率等。

(五)动态相对指标

动态相对指标又称发展速度，它是同一指标在不同时间上对比的结果，表明同类现象在不同时间上发展变动的方向和程度。其计算公式为：

$$动态相对指标=\frac{报告期指标数值}{基期指标数值}$$

动态相对指标分子分母是不能互换的，基期指标数值必须做分母。

[例 4—4] 2014 年我国国际旅游收入 569 亿美元，2013 年我国国际旅游收入517亿美元，求动态相对指标。

动态相对指标＝569÷517＝110.06％

计算结果表明，我国 2014 年国际旅游收入是 2013 年的 110.06％，比上年增加了 10.06％。

动态相对指标在统计分析中应用广泛，本书将在动态数列一章中详细介绍，这里不再详述。

(六)计划完成情况相对指标

计划完成程度相对指标是现象在某一时期内的实际完成数与计划任务数对比的比值，用以反映计划的完成情况。一般用百分数表示。基本计算公式为：

$$计划完成情况相对指标=\frac{实际完成数}{计划任务数}\times 100\%$$

在公式中，分子是计划执行结果的实际数值，分母则是下达的计划任务指标数。因此，要求分子、分母在指标含义、计算方法、计量单位以及时间长度等方面完全相应。同时，由于计划任务数是作为衡量计划完成情况的标准，分子、分母不可互换。

1.计划完成程度相对指标的计算

计划完成程度相对指标用实际完成数与计划任务数对比表明计划完成的情况，分子数值减分母数值表明计划执行的绝对结果。由于经济现象的特点不同，在下达计划任务时，计划指标可以是绝对数，也可以是相对数或平均数，因此计划完成情况相对指标在计算形式上有所不同。

下面举例说明不同情况下的计划完成程度相对指标的计算方法。

当计划任务以总量指标或平均指标下达时，计划完成程度相对指标的计算方法就是将实际完成数与计划任务数直接对比。

[例 4—5] 某企业 2015 产品销售收入计划为 3 000 万元，实际完成 3 300 万元，求计划完成情况相对指标。

该企业销售收入计划完成情况为：

$$计划完成情况相对指标=\frac{3\ 300}{3\ 000}\times 100\%=110\%$$

这个相对数表明实际比计划超额完成 10%，超额完成销售收入 300 万元(3 300 万元－3 000万元)。

［例 4－6］ 某企业 A 材料计划采购成本 1 200 元/吨，实际采购成本为 1 500 元/吨，则该企业 A 材料采购计划完成情况相对指标为：

$$计划完成情况相对指标=\frac{1\ 500}{1\ 200}\times 100\%=125\%$$

这个相对数表明实际比计划还差 25%，即没有完成计划。

当计划任务以相对指标下达时，其具体表现形式不同，计算计划完成程度相对指标的方法也不相同，其计算公式为：

$$计划完成程度相对指标=\frac{1\pm 实际\begin{matrix}提高\\降低\end{matrix}百分数}{1\pm 计划\begin{matrix}提高\\降低\end{matrix}百分数}\times 100\%$$

［例 4－7］ 某公司劳动生产率计划 2016 年比 2015 年提高 5%，而实际提高 8%，求计划完成情况相对指标。

$$计划完成情况相对指标=\frac{1+8\%}{1+5\%}\times 100\%=102.85\%$$

结果表明，该公司的劳动生产率超额完成 2.85%。

在这里，计划任务数是以比上期增长或减少的百分数规定的，但在计算计划完成情况相对指标时，不能以实际增长率或降低率除以计划增长率或降低率，而应当包括原有的基数，即要用实际完成的百分比与计划任务的百分比进行对比。

［例 4－8］ 某企业 A 产品本年度计划成本降低 5%，实际降低 6%，求 A 产品成本控制计划完成情况。

$$计划完成情况相对指标=\frac{1-6\%}{1-5\%}\times 100\%=98.95\%$$

计算结果表明，该产品已超额完成了成本控制计划，实际比计划降低了 1.05%。

由以上例子可见，同样是计划完成程度指标，在对其评价时要根据社会经济现象本身的特点。一般来说，正指标从经济意义上来说越大越好，若计划完成程度大于 100%，则表明超额完成计划；反之，则没完成计划。常见正指标如销售额、产量、产值、利润等。逆指标恰好相反，它从经济意义上来说越小越好，计划完成程度小于 100%为超额完成计划；反之，则没完成计划。常见逆指标如产品成本、原材料消耗、销售费用等。

计划指标是平均指标，其计算公式为：

$$计划完成情况相对指标=\frac{实际平均水平}{计划平均水平}\times 100\%$$

该指标适用于考核以平均水平表示技术经济指标的计划完成程度。

2.计划进度情况检查

计划完成情况相对指标还可以用来检查计划执行的进度，以了解进度的快慢，保证计划的实现。它是采取计划期中某一段时期的累计实际完成数与全期计划任务数之比来表示的，计算公式为：

$$计划执行进度指标=\frac{计划期内截止到某阶段的累计实际完成数}{全期计划任务数}\times 100\%$$

［例 4－9］ 某企业销售部门某年计划销售量为 400 万吨，到 9 月底累计销售量为 320 万

吨，则累计到3季度为止销售量计划执行进度为：

$$累计到3季度为止计划执行进度=\frac{320}{400}\times100\%=80\%$$

计算结果表明，该企业某年至第三季度，进度已完成计划任务的80%，说明计划进度执行较快。

这种指标主要用来分析整个计划期间计划执行的进度，考核计划执行的均衡性，以便及时发现问题，采取措施，保证计划的完成和超额完成。

3.中长期计划完成情况的检查

计划完成情况的检查，可分为长期计划检查和短期计划检查两种。中长期计划一般是指五年或五年以上的计划。依计划任务数的规定不同，检查长期计划的完成情况又有水平法和累计法两种方法。

(1)水平法。当计划任务数是规定末期(如末年)应达到的水平时，要采用水平法检查计划的完成情况。其计算公式为：

$$计划完成情况相对指标=\frac{期末实际达到的水平}{计划规定的期末水平}\times100\%$$

[例4—10] 某地区在“十三五”期间计划某产品产量最后一年应达到48万吨，实际执行情况如表4—3所示。

表4—3 某地区某产品产量资料 单位：万吨

年度	第一年	第二年	第三年		第四年				第五年			
			上半年	下半年	一季度	二季度	三季度	四季度	一季度	二季度	三季度	四季度
产量	35	38	19	21	10	11	12	12	12	12	13	13

试计算计划完成程度相对指标及提前多长时间完成计划任务？

$$计划完成程度=\frac{12+12+13+13}{48}\times100\%\approx104\%$$

计算结果说明，该地区该产品产量超额4%完成五年计划。

采用水平法检查计划执行情况，不仅要计算计划完成程度，也应计算提前完成计划的时间。只要有连续一期(如一年)的时间，实际完成的水平达到了计划末期(如末年)水平，就能计算提前完成时间。

例4—10中，提前两个季度完成计划任务(12+12+12+12=48)。

(2)累计法。在五年计划中，当计划任务数是规定在整个计划期间应完成的累计数时，用累计法检查计划完成情况。其计算公式为：

$$计划完成程度相对指标=\frac{五年计划期内实际累计完成数}{五年计划规定的累计数}\times100\%$$

按计算提前完成计划的时间，只要从计划期开始到某一时期止，实际累计完成数达到了计划任务规定的累计数，就算完成了计划，剩余的时间就是提前完成的时间。

[例4—11] 承例4—10，如果该地区五年计划规定，五年内产品产量应达到195万吨，而实际执行情况如4—3所示。试计算计划完成程度相对指标及提前多长时间完成计划任务。

$$\begin{aligned}计划完成程度相对指标&=\frac{35+38+19+21+10+11+12+12+12+12+13+13}{195}\times100\%\\&=106.67\%\end{aligned}$$

计算结果表明，该地区该产品产量超额6.67%完成五年计划。提前一个季度完成计划任务(35+38+19+21+10+11+12+12+12+12+13=195)。

帮你学

1.比较相对指标是同类指标在同一时间不同空间上对比的结果。

2.动态相对指标是同一指标在不同时间上对比的结果。

第三节　计算和运用相对指标应注意的问题

一、保持相对指标分子分母的可比性

相对指标是运用对比的方法提示现象之间的联系程度，反映现象之间的差异程度。对比的两个指标是否可比是计算结果能否正确反映现象之间联系的重要条件。所以，计算和应用相对指标要保持相对指标分子分母的可比性，可比是指分子、分母指标所包括的内容、范围、计算方法等要一致，不能将不可比的两个指标拿到一起进行对比。如比较相对指标中必须是两个地区同一时期的同一类社会经济现象对比。再如，世界各国三次产业的划分标准不尽相同，我国第一产业中不包括采掘工业，而很多国家把采掘工业划入第一产业范围，这样我国与这些国家的三次产业增加值是不能直接对比的。

如果将不可比的两个指标拿到一起对比就会失去相对指标的实际意义，以致得不出正确的结论。

二、相对指标和总量指标要结合运用

无论是哪一种统计指标，都有它自身的优势，也有其局限性。总量指标能够反映事物发展的总规模和总水平，却不易看清事物差别的程度；绝大多数的相对指标都是两个有关的总量指标数值之比，用抽象化的比值来说明事物之间的关系密切程度，相对指标反映了现象之间的数量对比关系和差异程度，却又将现象的具体规模和水平抽象化了。因此，将相对指标和总量指标结合起来使用，才能克服认识上的片面性，达到对客观事物全面、正确的认识。

三、各种相对指标要综合应用

各种相对指标的具体作用不同，每一种相对指标都是从不同的侧面来说明所研究的问题，即就某一方面来对问题加以说明。在分析研究复杂的现象时，应该将多种相对指标结合起来使用，这样才能把从不同侧面反映的情况结合起来观察分析，从而更加深入、全面地分析问题和认识问题。

例如，在研究企业的经营效果时，我们不仅要看总产值、产品产量、销售收入、利税总额等总量指标，还要结合企业的投入，观察产值利税率、资金利税率等相对指标，客观反映企业的经济效益。同时，我们还需要将这些指标与企业的计划任务相比较，检查企业计划的执行情况；利用动态相对指标，将当期指标数值与企业过去的同类指标数值进行纵向对比，可以总结经验和成绩，寻找事物发展变化的规律；通过计算各个比较相对指标，能够实现与其他同类企业的横向对比，发现自己的差距和不足，及时改进。

本章小结

1.总量指标又称绝对数，是表明社会经济现象在一定时间、地点和条件下达到的规模或水平的统计指标。

总量指标按反映总体内容不同，分为总体单位总量和总体标志总量。总体单位总量是总体单位数，它反映总体本身规模的大小。总体标志总量是总体各单位数量标志值之和，它反映某种总体特征的总数量。

总量指标按反映的时间状况不同，分为时期指标和时点指标。时期指标是反映社会经济现象在一段时期内发展过程的总结果。时点指标是表明现象在某一时点(或某一时刻)上存在的总数量。

2.相对指标也称相对数，它是两个有联系的现象数量进行对比求得的。常用的相对指标有结构相对指标、比例相对指标、比较相对指标、强度相对指标、动态相对指标和计划完成情况相对指标六种。其中分子与分母为同一时期的相对指标有结构相对指标、比例相对指标、比较相对指标、强度相对指标和计划完成程度相对指标五种，分子与分母为同一总体的相对指标有结构相对指标、比例相对指标、动态相对指标和计划完成程度相对指标四种，分子与分母可以互换的相对指标有比例相对指标、比较相对指标、强度相对指标三种。

六种相对指标中计划完成程度相对指标应用比较广泛，常用来检查计划的完成情况。在计算时，分为长期计划和短期计划两种检查方法。同时，注意评价计划完成程度相对指标的两个标准。

此外，正确运用相对指标，要做到：(1)保持相对指标分子分母的可比性；(2)将相对指标与总量指标结合起来运用；(3)将各种相对指标结合起来运用。

技能训练

一、单项选择题

1.下面属于时期指标的是(　　)。

A. 商场数量　　B. 营业员人数　　C. 商品价格　　D. 商品销售量

2.某大学10个分院共有学生5 000人、教师300人、设置专业27个。若每个分院为调查单位，则总体单位总数是(　　)。

A. 分院数　　B. 学生数　　C. 教师数　　D. 专业数

3.下面属于结构相对数的有(　　)。

A. 人口出生率　　B. 产值利润率　　C. 恩格尔系数　　D. 工农业产值比

4.用水平法检查长期计划完成程度，应规定(　　)。

A. 计划期初应达到的水平　　B. 计划期末应达到的水平

C. 计划期中应达到的水平　　D. 整个计划期应达到的水平

5.属于不同总体的不同性质指标对比的相对数是(　　)。

A. 动态相对数　　B. 比较相对数　　C. 强度相对数　　D. 比例相对数

6.数值可以直接相加总的指标是(　　)。

A. 绝对数　　B. 相对数　　C. 时点数　　D. 时期数

7.第五次人口普查结果，我国每10万人中具有大学程度的为3 611人。该数字资料为(　　)。

A. 绝对数　　B. 比较相对数　　C. 强度相对数　　D. 结构相对数

8.企业利润额、商品库存额、证券投资额、居民储蓄额指标中，属于时点指标的有(　　)。

A. 1 个　　B. 2 个　　C. 3 个　　D. 4 个

9.由反映总体各单位数量特征的标志值汇总得出的指标是(　　)。

A. 总体单位总量　　B. 总体标志总量　　C. 质量指标　　D. 相对指标

10.将对比的基数抽象化为 10，则计算出来的相对数称为(　　)。

A. 倍数　　B. 百分数　　C. 系数　　D. 成数

11.某单位某月份职工的出勤率是 98%，这个指标是(　　)。

A. 结构相对指标　　B. 比较相对指标　　C. 比例相对指标　　D. 强度相对指标

12.2013～2016 年间，甲地的农业生产总值平均增长速度比乙地高 5%，这是(　　)。

A. 动态相对指标　　B. 比例相对指标　　C. 比较相对指标　　D. 强度相对指标

13.某企业工人劳动生产率，计划提高 8%，实际提高了 10%，则提高劳动生产率的计划完成程度为(　　)。

A. 101.85%　　B. 98.18%　　C. 125%　　D. 1.85%

14.将全国粮食产量与人口数相比，属于(　　)。

A. 算术平均数　　B. 强度相对数　　C. 比较相对数　　D. 动态相对数

15.直接反映总体规模水平大小的指标是(　　)。

A. 平均指标　　B. 相对指标　　C. 总量指标　　D. 变异指标

16.商品销售额、商品库存量、银行储蓄额、出生人口数指标中，属于时期指标的有(　　)。

A.4 个　　B.3 个　　C.2 个　　D.1 个

17.甲地区的某产品产量比乙地区高 8%，这是(　　)。

A.比例相对指标　　B.结构相对指标　　C.比较相对指标　　D.动态相对指标

18.某企业计划单位产品成本比去年降低 3%，实际降低了 5%，则单位产品成本的计划完成程度为(　　)。

A.101.9%　　B.65.7%　　C.97.9%　　D.121.2%

19.某地区 2016 年底有 1 000 万人口，零售商店数有 5 万个，则商业网点密度指标为(　　)。

A.0.5 千人/个　　B.200 个/人　　C.5 个/千人　　D.0.2 个/千人

20.某商场 2016 年空调销售量为 6 500 台，库存年末比年初减少 400 台，这两个总量指标是(　　)。

A.时期指标　　B.时点指标

C.前者是时期指标，后者是时点指标　　D.前者是时点指标，后者是时期指标

二、多项选择题

1.绝对数的意义是(　　)。

A. 反映事物的总规模　　B. 反映事物总水平的增加或减少

C. 必须有计量单位　　D. 只能用全面调查得到

E. 没有任何统计误差

2.时点数的特点是(　　)。

A、不同时间数值可以相加　　B. 不同时间数值不可以相加

C、调查资料需连续登记　　D. 数值与时期长短有关

E. 数值只能间断登记

3.在相对数中，子项和母项可以互换位置的有(　　)。

A. 结构相对数　　B. 比例相对数　　C. 比较相对数　　D. 动态相对数

E. 计划完成相对数

4.比较相对数适用于(　　)。

A. 计划水平与实际水平之比

B. 先进与落后之比

C. 不同国家间之比

D. 不同时间状态之比

E. 实际水平与标准水平之比

5.反映国民经济产业结构的相对数是(　　)。

A. 国民生产总值

B. 第一、二、三产业产值之比

C. 各产业增长速度

D. 各产业比上年增长量

E. 各产业占的比重

6.据预测,若中国内地 GDP 平均每年增长 7.2%,到 2015 年可达到113 847亿美元,占全球比重 4.1%,人均 GDP8 280 美元。该资料中用到的指标有(　　)。

A. 绝对数　B. 动态相对数　C. 比较相对数　D. 强度相对数

E. 结构相对数

7.我国 GDP 每增长 1%,相当于人均增加收入 70 多元;全国将增加 60～80 万个就业岗位。这里用到的指标有(　　)。

A. 时期数　B. 时点数　C. 平均数　D. 强度相对数

E. 比较相对数

8.2014 年,我国发行记账式国债 17 536 亿元;该年末,居民个人储蓄存款余额突破113.86 万亿元。这两个指标(　　)。

A. 都是时期数

B. 都是时点数

C. 都是绝对数

D. 前者是时点数,后者是时期数

E. 前者是时期数,后者是时点数

9.2013 年末全国就业人员 76 977 万人,比上年末增加 273 万人,2014 年末城镇登记失业率为 4.09%,那么(　　)。

A. 就业人数是时期数

B. 增加的就业人数是时期数

C. 就业人数是时点数

D. 失业率是结构相对数

E. 就业人数和增加人数都是绝对数

10.下列指标中属于相对指标的有(　　)。

A. 某地区平均每人年生活费 2 540 元

B. 某地区人口出生率 12.6%

C. 某地区粮食总产量 4 200 万吨

D. 某产品产量计划完成程度 127%

E.某地区人口自然增长率 11.8‰。

11.下列指标中属于总量指标的有(　　)。

A. 工资总额　B. 商业网点密度　C. 商品库存量　D. 人均国民生产总值

E. 进出口总额

12.下列指标中属于时点指标的有(　　)。

A. 某地区人口数

B. 某地区人口死亡数

C. 某城市在校学生人数

D. 某农场每年养猪存栏数

E. 某企业月末在册职工人数

13.下列指标中属于结构相对指标的有(　　)。

A. 民营企业职工占职工总数的比重

B. 高校毕业生比上年增长的百分比

C. 企业产品合格率

D. 某年积累额占国民收入的比重

E. 某年人均消费额

三、判断题(把"√"或"×"填在题后的括号里)

1.总体单位总量与总体标志总量,可以随研究对象的变化而发生变化。(　　)

2.同一个总体,时期指标值的大小与时期长短成正比,时点指标值的大小与时点间隔成反比。(　　)

3.能计算总量指标的总体必须是有限总体。（　　）

4.同一时点上的同类现象的时点指标数值可以相加。（　　）

5.用总体部分数值与总体全部数值对比求得的相对指标，说明总体内部的结构，这个相对指标是比例相对指标。（　　）

6.国民收入中积累额与消费额之比为1∶3，这是一个比较相对指标。（　　）

7.某年北京市全年完成的财政收入为上海市的37.03%，这是比例相对数。（　　）

8.某厂生产某种产品的单位成本，计划在去年的基础上降低4%，实际降低了5%，则成本降低计划的完成程度为98.96%。（　　）

9.某市工业总产值是上年的118%，属于计划完成程度相对指标。（　　）

10.2016年某市平均每人看电影10次，属于强度相对指标。（　　）

四、业务题

1.指出下表中各指标的种类，将序号填入相应的指标栏目中。

序号	指标名称	时点指标	时期指标	结构相对数	比例相对数	比较相对数	强度相对数	动态相对数	计划完成程度相对数
1	入境人数								
2	出生人数								
3	亏损额								
4	接待旅游人数								
5	库存额								
6	考试及格率								
7	2016年全国在读研究生人数								
8	国内生产总值								
9	医院拥有的床位数								
10	2016年全国原煤开采量								
11	性别比例								
12	人均国内生产总值								
13	我国财政税收收入2015年比2014年增长8%								
14	2015年我国国内生产总值仅相当于美国的1/3								
15	2009～2011年国家发行长期建设国债3 600亿元								
16	人口死亡率								
17	国土面积数								
18	全国拥有普通高校1 078所								
19	商业网点密度								
20	实际价格是计划价格的80%								

2.我国2011年高校招生及在校生资料如下：

单位：万人

学　校	招生人数	比上年增招人数	在校生人数
普通高校	268	48	719
成人高等学校	196	40	456

要求：(1)分别计算各类高校招生人数的动态相对数；

(2)计算普通高校与成人高校招生人数比；

(3)计算成人高校在校生数量占所有高校在校生数量的比重。

3.我国2014年和2013年进出口贸易总额资料如下：

时　间	出口总额(万亿美元)	进口总额(万亿美元)
2014年	2.15	1.90
2013年	2.34	1.96

要求：(1)分别计算2010年、2011年的进出口贸易差额；

(2)计算2011年进出口总额比例相对数及出口总额增长速度；

(3)分析我国进出口贸易状况。

4.根据下列资料，计算强度相对数的正指标和逆指标，并根据正指标数值分析该地区医疗卫生设施的变动情况。

指　标	2010年	2015年
医院数量(个)	40	56
地区人口总数(万人)	84.4	126.5

5.某公司下属三家企业有关资料如下表所示，试根据指标之间的关系计算并填写表中所缺数字。

企业	1月实际产值(万元)	2月				2月实际产值为1月的(%)
		计划产值(万元)	计划产值比重(%)	实际产值(万元)	计划完成(%)	
甲	125					
乙	200	150			110	
丙	100	250			100	
合计		500			95	

第五章

平均指标和变异指标

【学习目标】

1. 理解平均指标的概念和作用；

2. 掌握各种平均数的计算原则、方法与应用条件，学会计算主要的平均指标（算术平均数、调和平均数、几何平均数、众数和中位数）；

3. 理解变异指标的作用、计算方法和运用条件；

4. 掌握主要的变异指标（全距、平均差、标准差及其系数）。

【案例引导】

统计的很多知识在现实生活中是具有实际指导意义的，比如，我们在农业推广时常常需要知道不同品种的农作物推广价值。以下是两个不同的小麦品种，分别在5块土地上试种，其产量资料如下表5—1所示，假定生产条件相同，试分析哪一品种更具有推广价值。

表5—1 小麦品种产量资料

甲品种		乙品种	
种植面积（亩）	产量（千克）	种植面积（亩）	产量（千克）
12	7 200	9	6 300
6	4 440	18	11 700
9	4 950	12	5 400
12	8 400	6	4 920
6	3 120	15	9 000
45	28 110	60	37 320

你知道应该怎么做才能得出正确的结论吗？

从表5—1可以看出，两个品种的亩产量在不同地块的表现是不相同的，要做出正确的判断，有必要计算反映两个品种的平均水平和离散程度的标志变异指标。这也是我们这一章要重点介绍的内容。你有兴趣知道吗？

第一节 平均指标的概念和作用

一、平均指标的概念

平均指标是同类社会经济现象总体内各单位某一数量标志在一定时间、地点和条件下数量差异抽象化的代表性水平指标，其数值表现为平均数。在社会经济现象的同质总体中，同一标志在各单位的数量表现不尽相同，标志值大小各异，这就需要利用平均指标来代表总体的一般水平。总体各单位的同质性和某种标志值在各单位的差异性，是计算平均数的前提条件。平均指标是社会经济统计中常用的综合指标之一。

[例 5—1] 某生产车间有 16 名工人，日产零件情况见表 5—2。

表 5—2 某车间日产量统计

序号	1	2	3	4	5	6	7	8
日产量	17	19	23	20	21	16	24	14
序号	9	10	11	12	13	14	15	16
日产量	18	22	15	25	12	28	27	26

从表 5—2 中可以看出这 16 名工人的日产量高低不等，每个产量分别代表了工人们各自的水平，使得该车间这一总体的个体之间存在着明显的差异，统计研究的目的就在于通过这些差异反映出总体的基本特征。为此，需要找出一个能够代表该车间生产一般水平的代表性数值，它应该能够将 16 名工人日产量之间的数量差异抽象化，这个抽象化的指标即为平均日产量。

通过以上实例可以看出，平均指标具有三个显著特点：

(1)它是一个代表值，可以代表总体的一般水平；

(2)它是一个抽象化的数值，即把同质总体内各单位在某一数量标志上的差异抽象化了，是对各单位具体数值的平均；

(3)它反映了总体分布的集中趋势，同一总体一般距离其平均值远的标志值较少，而距离其平均值近的或接近平均值的标志值比较多。

二、平均指标的作用

平均指标由于能综合反映某种社会经济现象总体在一定条件下的一般水平，因此，在统计研究中，在各项经济管理和分析中被广泛应用。其作用主要表现在以下几个方面：

(一)利用平均指标，可以了解总体的一般水平

就社会经济现象变量数列的分配情况看，通常是接近平均数的标志值居多，而远离平均数的标志值少；平均数反映了总体分布的集中趋势，它把一个总体内各单位的数量差异抽象化了，是总体分布的重要特征值。例如，某地区职工年平均工资18 000元，用该平均工资可以反映该地区职工收入一般水平。

(二)利用平均指标，可以对若干同类现象在不同空间进行比较分析

例如，在评价商业企业工作成绩好坏时，因为其企业的规模大小不同，职工人数多少不同，如果用总量指标(如商品的销售额或利税额)进行对比，则无法评价；如果用平均指标(如平均劳动效率、人均创利额等)，则可消除这种影响，进行比较分析评价。

(三)利用平均指标,可以研究某一总体某种数值的平均水平在时间上的变化,说明总体的发展过程和趋势

例如,为反映改革开放30年来,我国城镇居民生活水平的提高程度,可以通过这30年间职工平均工资在不同时间上的发展趋势或变动规律来揭示;同时还可以通过将现在职工的平均工资水平与改革开放前30年间的工资水平进行对比,显示出间工资水平的差异。

(四)利用平均指标,可以分析现象之间的依存关系

在对现象总体进行分组分类的基础上,应用平均指标可以观察现象之间存在的相互联系、相互制约的关系。如将耕地按自然条件、耕作深度或施肥状况等标志进行分组,计算单位面积产量,则可反映自然条件优劣、耕作深度和施肥多少对单位面积产量的影响。

(五)平均指标可作为某些科学预测、决策和某些推算的依据

如企业的劳动定额、生产定额、物资消耗定额等都要依据相应的平均指标来确定,抽样推断中则依抽样平均数来推断总体平均数,进而推断总体相应的总量指标。

三、平均指标的分类

(一)静态平均数与动态平均数

平均指标按其性质可分为静态平均数和动态平均数。

静态平均数又称一般平均数,反映的是在同一时间范围内各单位某一数量标志一般水平的平均数。

动态平均数反映的是在不同时间而同一总体范围内某一指标一般水平的平均数(详见第六章动态数列分析)。

静态平均数的确定方法和依据资料不同可以分为算术平均数、调和平均数、几何平均数、中位数和众数。

(二)数值平均数与位置平均数

根据平均指标计算方法的不同,可以把平均数分为数值平均数和位置平均数。凡根据总体各单位标志值计算的平均数,称为数值平均数,主要有算术平均数、调和平均数、几何平均数等;凡根据总体各单位标志指标在变量数列中的位置计算的平均数,称为位置平均数,主要有众数和中位数。

第二节　算术平均数

一、算术平均数的基本形式

算术平均数是统计中最基本、最常用的一种平均数。它的基本计算形式是用总体单位数去除总体标志总量。其计算公式为:

$$\text{算术平均数}=\frac{\text{总体标志总量}}{\text{总体单位总数}}$$

例如,某企业某月的工资总额为360万元,工人总数为1 800人,则该企业工人的月平均工资为:

$$\text{月平均工资}=\frac{3\ 600\ 000}{1\ 800}=2\ 000(\text{元})$$

必须指出，平均数的计算方法在形式上与强度相对数的计算方法很相似，因而容易出现把二者混淆的问题。在计算和识别平均数或强度相对数时，必须注意二者的区别。它们对比的子项与母项的关系是不相同的。平均数是同一总体标志总量与总体单位总数之比，在这里，总体标志总量是随着总体单位总数的变动而变动，子项依存于母项，二者是互相适应的。而强度相对数则是两个性质不同但有联系的总量指标之比，作为分子的总量指标，并不随着作为分母的总量指标的变动而变动，二者在数量上没有依存关系。例如，人均国内生产总值指标是国内生产总值与人口总数在相同范围内的比值。因为国内生产总值不是全部人口生产的，国内生产总值不依存于人口数量的多少，所以它是强度相对指标，而不是平均数。在利用基本公式计算算术平均数时，要特别注意子项（总体标志总量）与母项（总体单位总数）在总体范围上的可比性，也就是说，要注意二者必须属于同一总体。

二、算术平均数的计算方法

算术平均数根据掌握的资料不同和计算的复杂程度，可分为简单算术平均数和加权算术平均数。

（一）简单算术平均数

在掌握了总体各单位的标志数值及单位总量资料时，则可以直接利用上述公式计算算数平均数。这样计算出来的算术平均数称为简单算术平均数。

[例5－2] 根据表5－2的资料，计算16名工人的平均日产量：

$$平均日产量=\frac{该车间日总产量}{车间总人数}$$

$$=\frac{17+19+23+20+21+16+24+14+18+22+15+25+12+28+27+26}{16}$$

$$=20.4（件）$$

即该车间的平均日产量为20件，它代表了这个车间日产零件的一般水平。

简单算术平均数是总体标志总量与总体单位总数相比求出的平均。其计算公式为：

$$\bar{x}=\frac{x_1+x_2+x_3+\cdots+x_n}{n}=\frac{\sum x}{n}$$

式中：$\bar{x}$ 为算术平均数；

x——变量值，即各单位标志数值；

n——总体单位总数；

$\sum x$——总体标志总量。

简单算术平均数计算方法简便，但其应用的前提条件是：变量数列中各个变量值出现次数相同。

（二）加权算术平均数

当变量值已经分组，且各组变量值出现的次数不同时，就必须计算加权算术平均数。

[例5－3] 某商场鞋帽部有16名职工，按日销售额分组，得到的变量数列资料见表5－3，试计算职工平均日销售额。

表 5—3　　　　某商场鞋帽部职工销售额资料

按日销售额分组(元/人)	职工人数(人)	各组职工日销售额(元)
2 200	2	4 400
2 600	3	7 800
2 800	4	11 200
3 000	5	15 000
3 200	2	6 400
合　计	16	44 800

$$平均日销售量=\frac{日总销售额}{职工总人数}$$

$$=\frac{2\,200\times2+2\,600\times3+2\,800\times4+3\,000\times5+3\,200\times2}{2+3+4+5+2}$$

$$=2\,800(元/人)$$

在该平均数的计算中,不仅涉及变量值 x,还涉及另一个反映变量值出现次数的量,用“f”表示,则有:

$$\bar{x}=\frac{x_1f_1+x_2f_2+x_3f_3+\cdots+x_nf_n}{f_1+f_2+f_3+\cdots+f_n}=\frac{\sum xf}{\sum f}$$

该计算公式表明,平均数的大小不仅取决于总体各单位标志值的大小,还受到各单位标志值出现次数的影响。所以上式中的“f”在此起着“权衡轻重”的作用,所以统计学中将其称为权数,将以上计算方法称为加权算术平均法。

必须指出,权数对算术平均数的影响,不是决定于权数本身数值的大小,而是决定于权数比重的大小。权数比重是作为权数的各组单位数占总体单位数的比重,也叫权数系数。单位数所占比重大的组,其变量值对平均数的影响就大;反之影响就小。其公式如下:

$$\bar{x}=\frac{\sum xf}{\sum f}=\sum\left(x\cdot\frac{f}{\sum f}\right)$$

式中,$\frac{f}{\sum f}$为权数比重。

[例 5—4]　仍以表 5—3 中的资料为例,计算加权算术平均数。如表 5—4 所示。

表 5—4　　　　某商场鞋帽部职工销售额资料

按日销售额分组(元/人)x	职工人数(人)f	职工人数的比重(%)$\frac{f}{\sum f}$	$x\cdot\frac{f}{\sum f}$
2 200	2	12.50	275.0
2 600	3	18.75	487.5
2 800	4	25.00	700.0
3 000	5	31.25	937.5
3 200	2	12.50	400.0
合　计	16	100.00	2 800.0

计算加权算术平均数如下：

$$\bar{x}=\sum(x\cdot\frac{f}{\sum f})=2\ 800(\text{元/人})$$

与前面采用 $\bar{x}=\frac{\sum xf}{\sum f}$ 公式计算的结果完全一样。

简单算术平均数与加权算术平均数两者之间具有内在联系。加权算术平均数公式是算术平均数的代表公式，简单算术平均数公式只是加权算术平均公式在各组权数都相等时的一个特例。

上面所举的例子是根据单项数列来计算算术平均数的。如果我们掌握的资料是组距数列，其计算算术平均数的方法基本与上例相同。只要先计算出各组的组中值(组中值是各组的中间数值，其确定方法在第三章已阐述)，然后以各组的组中值为标志数值，代入加权算术平均数公式即得。

[例 5—5] 某月某企业工人工资资料见表 5—5，求工人月平均工资。

表 5—5 **某月某企业工人工资情况**

按月工资额分组(元)	组中值(元)x	工人人数(人)f	各组工人工资额(元)xf
1 000 以下	750	180	135 000
1 000～1 500	1 250	350	437 500
1 500～2 000	1 750	900	1 575 000
2 000～2 500	2 250	520	1 170 000
2 500 以上	2 750	50	137 500
合　计	—	2 000	3 455 000

$$\bar{x}=\frac{\sum xf}{\sum f}=\frac{3\ 455\ 000}{2\ 000}=1\ 727.5(\text{元/人})$$

用组距式变量数列计算加权算术平均数时，由于是用各组组中值来代替各组标志组实际水平，这就需要一个假定条件，即假定各单位标志值在各组内是均匀分布或对称分布的。实际上，各单位标志值在组内呈均匀分布或对称分布是不多见的，组中值同该组各单位标志值的平均值之间总会存在一定误差，导致用组中值计算的加权算术平均数也会存在一定的误差。组距越小，组中值同该组各单位标志值的平均值就越接近，用组中值计算的加权算术平均数的误差也就越小；反之，误差就越大。

帮你学

1. 平均数是同一总体标志总量与总体单位总数之比，要注意分子、分母二者必须属于同一总体。

2. 强度相对数则是两个性质不同但有联系的总量指标之比，作为分子的总量指标，并不随着作为分母的总量指标的变动而变动，二者在数量上没有依存关系。

第三节　调和平均数

一、调和平均数的概念

调和平均数是各单位标志值倒数的算术平均数的倒数，因而又称为倒数平均数。在社会经济统计中，往往由于缺乏总体的单位数资料，不能直接采用算术平均数计算，这时，就需要把算术平均数的形式加以改变，而采用另一种计算方法。所以，实际工作中，它主要是作为算术平均数的变形来使用的。

调和平均数与算术平均数一样，由于掌握的资料不同，分为简单调和平均数和加权调和平均数两种。

二、简单调和平均数

简单调和平均数是各个标志值倒数的简单算术平均数的倒数。在各标志值相应的标志总量均为一个单位的情况下求平均数时，应计算简单调和平均数。其计算公式为：

$$\overline{x_H}=\frac{n}{\frac{1}{x_1}+\frac{1}{x_2}+\frac{1}{x_3}+\cdots+\frac{1}{x_n}}=\frac{n}{\sum\frac{1}{x}}$$

式中，$\overline{x_H}$——调和平均数；

x——各单位标志值；

n——总体单位总量。

[例 5－6]　某集贸市场黄瓜的价格，早市 1 元/千克，午市 0.8 元/千克，晚市 0.5 元/千克，若早、中、晚各买 1 元钱的黄瓜，求黄瓜的平均价格。

$$\overline{x_H}=\frac{n}{\sum\frac{1}{x}}=\frac{3}{\frac{1}{1}+\frac{1}{0.8}+\frac{1}{0.5}}=0.7(\text{元/千克})$$

三、加权调和平均数

加权调和平均数实际上是加权算术平均数的变形。在实际工作中，经常会遇到只有各组标志总量和各个组变量值，缺少总体单位数的资料，这时就需要利用调和平均数公式计算平均数。它的计算方法是以标志总量为权数，其计算公式为：

$$\overline{x_H}=\frac{m_1+m_2+m_3+\cdots+m_n}{\frac{m_1}{x_1}+\frac{m_2}{x_2}+\frac{m_3}{x_3}+\cdots+\frac{m_n}{x_n}}=\frac{\sum m}{\sum\frac{m}{x}}$$

式中：m——各组标志总量；

x——总体各组标志值；

$\sum m$——总体标志总量。

[例 5—7]　某农产品收购部门本月购进三批同种产品，每批价格及收购金额如表 5—6 所示，求三批产品的平均价格。

表 5—6 某农产品收购部门收购情况

	价格(元/千克) X	收购金额(元) m	收购量(千克) m/x
第一批	50	11 000	220
第二批	55	27 500	500
第三批	60	18 000	300
合　计	—	56 500	1 020

(此表第一、二栏为已知资料栏,第三栏为计算栏。)

$$\overline{x_H}=\frac{\sum m}{\sum\frac{m}{x}}=\frac{11\ 000+27\ 500+18\ 000}{1\ 020}=55.39(\text{元/千克})$$

通过上例计算可以看出,分子是收购总金额,即总体标志总量,分母为收购量之和,即总体单位总数。所以,调和平均数仍然是以总体标志总量除以总体单位总数计算的。它在经济内容和计算结果上与算术平均数一致,只是由于计算时依据的资料不同,而在计算公式和计算过程方面有别于算术平均数。它们的关系为:

$$\overline{x_H}=\frac{\sum m}{\sum\frac{m}{x}}=\frac{\sum xf}{\sum\frac{xf}{x}}=\frac{\sum xf}{\sum f}=\bar{x}$$

可见,加权调和平均数实际上是加权算术平均数的变形。在实际工作中,经常会遇到只有各组标志值总量和各个组变量值,缺少总体单位数资料的情况,这时就需要利用调和平均数公式计算。

下面通过实例来说明加权算术平均数和加权调和平均数两种方法的应用。

(一)由相对数计算平均数

以计划完成程度相对指标为例,当掌握计划完成程度相对指标计算公式的分母(计划数)资料时,求平均计划完成程度,应采用加权算术平均数计算。

[例 5—8] 某饭店分一部、二部、三部,2011 年计划收入分别为 300 万元、260 万元、240 万元,计划完成程度分别为 102%、107%、109%,求平均计划完成程度。

由于掌握的资料是计划任务数,平均计划完成程度应采用以计划收入为权数的加权算术平均数来计算,如表 5—7 所示。

表 5—7 某饭店计划完成资料

	计划完成程度(%) x	计划收入(万元) f	实际收入(万元) xf
一部	102	300	306.0
二部	107	260	278.2
三部	109	240	261.6
合　计	—	800	845.8

平均计划完成程度为:

$$\bar{x}=\frac{\sum xf}{\sum f}=\frac{845.8}{800}=105.73\%$$

当掌握计划完成程度相对指标计算公式的分子(实际完成数)资料时，求平均计划完成程度就不能用加权算术平均数公式计算，应以实际收入为权数，采用加权调和平均数计算，如表5—8所示。

表5—8　　某饭店实际完成资料

	计划完成程度(%) x	实际收入(万元) m	计划收入(万元) m/x
一部	102	306.0	300
二部	107	278.2	260
三部	109	261.6	240
合　计	—	845.8	800

由表5—8中的资料计算平均计划完成程度为：

$$\overline{x_H}=\frac{\sum m}{\sum \frac{m}{x}}=\frac{845.8}{800}=105.73\%$$

(二)由平均数计算平均数

对于这个问题的计算和应用，与上面所分析的方法相同。首先要从平均数本身的计算特征出发，再看所掌握的资料是这个平均数计算公式的分子数值，还是分母数值，再决定采用哪种方法计算。

[例5—9]　某商品在三个农贸市场上的平均价格和交易量资料如表5—9所示。

表5—9　　某商品在三个农贸市场上的平均价格和交易量

市　场	平均价格(元) x	贸易量(千克) f	贸易额(元) xf
甲	1.00	30 000	30 000
乙	1.50	20 000	30 000
丙	1.40	25 000	35 000
合　计	—	75 000	95 000

平均价格的基本计算公式为贸易额除以贸易量。本例我们掌握的是贸易量(分母)资料，由此可采用加权算术平均数计算，即：

$$\bar{x}=\frac{\sum xf}{\sum f}=\frac{95\ 000}{75\ 000}=1.27(\text{元 / 千克})$$

若本例中给出的是每个市场商品的平均价格和贸易额(分子)资料，那就采用加权调和平均数计算。其计算过程如表5—10所示。

表5—10　　某商品在三个农贸市场上的平均价格和贸易额

市　场	平均价格(元) x	贸易额(元) m	贸易量(千克) m/x
甲	1.00	30 000	30 000
乙	1.50	30 000	20 000
丙	1.40	35 000	25 000
合　计	—	95 000	75 000

各市场平均价格为：

$$\overline{x_H}=\frac{\sum m}{\sum \frac{m}{x}}=\frac{95\ 000}{75\ 000}=1.27(元/千克)$$

两种方法计算结果相同。

第四节　几何平均数

一、几何平均数的概念

几何平均数不同于算术平均数和调和平均数，是 n 个变量值连乘积的 n 次方根。它反映的是某种特定现象的平均水平，这种现象的标志总量不是各单位的标志值的总和，而是它们的连乘积。在统计分析中，几何平均数主要用来计算平均比率或平均发展速度。

由于掌握资料的差异，几何平均数也分为简单几何平均数和加权几何平均数两种。

二、几何平均数的计算方法

由于掌握资料的差异，几何平均数也分简单几何平均数和加权几何平均数两种。

(一)简单几何平均数

简单几何平均数是 n 个变量值连乘积的 n 次方根。计算公式为：

$$\overline{x_G}=\sqrt[n]{x_1x_2\cdots x_n}=\sqrt[n]{\prod x}$$

式中：$\overline{x_G}$——几何平均数；

X——各个变量值；

Ⅱ——连乘符号。

[例 5—10]　某机械厂生产机器，设有毛坯、粗加工、精加工、装配四个连续作业的车间。某批产品在毛坯车间制品合格率为 97%，粗加工车间制品合格率为 93%，精加工车间制品合格率为 91%，装配车间产品合格率为 87%，求各车间制品平均合格率。

由于各车间制品的合格率总和并不等于全厂产品的总合格率，后续车间的合格率是在前一车间制品全部合格基础上计算的。全厂产品总合格率等于各车间制品合格率的连乘积，所以要采用几何平均法计算各车间制品平均合格率。

$$\overline{x_G}=\sqrt[n]{\prod x}=\sqrt[4]{97\%\times 93\%\times 91\%\times 87\%}=91.93\%$$

(二)加权几何平均数

当计算几何平均数的每个变量值的次数不相同时，则应用加权几何平均法，其计算公式为：

$$\overline{x_G}=\sqrt[f1+f2+\cdots+fn]{x_1^{\ f1}x_2^{\ f2}\cdots x_n^{\ fn}}=\sqrt[\sum f]{\prod x^f}$$

式中：f——变量值的次数；

$\sum f$——次数总和；

[例 5—11]　某建设银行某项投资的年利率是按复利计算的，20 年的年利率情况是：前 10 年利率为 10%，中间 5 年为 8%，最后 5 年年利率为 6%，求 20 年后的本利率及年平均利

率。

$$(1+10\%)^{10}\times(1+8\%)^{5}\times(1+6\%)^{5}=5.1001$$

$$\overline{x_G}=\sqrt[10+5+5]{1.10^{10}\times1.08^{5}\times1.06^{5}}-1=\sqrt[20]{5.1001}-1=8.487\%$$

第五节　众数和中位数

算术平均数、调和平均数和几何平均数都是根据总体各单位的标志值计算的。众数和中位数不是根据总体各单位的标志值计算的，而是根据其在总体中所处的特殊位置上的个别单位的标志值确定或根据部分单位的标志值来确定的，因此也称位置平均数。

一、众数

(一)众数的概念

众数是指总体中出现次数最多的标志值。它是总体中最常遇到的变量值，是最普遍、最一般的，因而可以用来说明社会经济现象的一般水平。

在实际工作中，众数的应用比较广泛，常用它来说明总体各单位某一数量标志值的一般水平。例如，服装、鞋帽等最普遍的尺码，集市贸易市场某种商品最普遍的价格水平，企业工人中最普遍的工资等。但必须指出，众数只有在总体内单位充分多时才有意义。

(二)众数的确定

确定众数，首先要将数据资料进行分组，编制变量数列；然后，根据变量数列的不同种类采用不同的方法。

1.根据单项式数列确定众数

根据单项数列确定众数比较简单，只需要通过观察找出出现次数最多的那个变量值即为众数。

[例 5—12]　某集贸市场 30 个摊位黄瓜价格分组资料如表 5—11 所示，求众数。

表 5—11　　**某集贸市场某日黄瓜价格情况表**

黄瓜价格(元/千克)	摊位数(个)
3.0	2
3.1	3
3.2	18
3.3	5
3.4	2
合　计	30

经观察发现，黄瓜价格为 3.2 元/千克的摊位最多，众数为 3.2(元/千克)。

又如，某百货商店在男式衬衣销售中，41 号为最多，故众数为 41 号。

2.根据组距数列确定众数

一般步骤是：先确定众数组，然后计算众数的近似值。

[例 5—13]　2016 年某地区商业企业月均销售额资料如表 5—12 所示。

表 5—12　　　　2016 年某地区商业企业月均销售额资料表

月均销售额(万元)	商业企业数(家)
50 以下	12
50～100	18
100～150	20
150～200	25
200～250	32
250～300	50
300～350	28
350～400	15
400 以上	10
合　计	210

从表 5—12 可知,商业企业数最多的是 50 家,它所对应的月均销售额为 250 万～300 万元。因此,250 万～300 万元这一月均销售额就是众数组,它反映了该地区商业企业月均销售的一般水平。然后利用下限公式或上限公式计算众数的近似值。

$$众数的下限公式:M_0=L+\frac{\Delta_1}{\Delta_1+\Delta_2}\times i$$

$$众数的上限公式:M_0=U-\frac{\Delta_2}{\Delta_1+\Delta_2}\times i$$

式中:M_0——众数;

U——众数组的上限;

L——众数组的下限;

Δ_1——众数次数与前一组次数之差;

Δ_2——众数次数与后一组次数之差;

i——众数组的组距。

根据表 5—12 中的资料,将有关数字代入下限公式,得到众数的近似值:

$$M_0=L+\frac{\Delta_1}{\Delta_1+\Delta_2}\times i=250+\frac{18}{18+22}\times 50=272.5(万元)$$

将上述资料代入上限公式,计算结果与用下限公式计算的一样(计算略)。

众数计算公式(以下限公式为例)的意义是:众数等于众数组的下限加上众数组组距的一部分数量,这部分数量的大小取决于众数组前后组次数多少。众数是按比例推算的近似值。

计算和应用众数的条件是总体单位数较多而且有明显的集中趋势。如果总体单位数很少或无明显的集中趋势,求众数没有意义;如果总体各单位标志值的次数相同,则无众数;当有两个标志值的次数都很多时,要依据这两个标志值所在的组来计算众数。不过,这个众数的代表性比加权算术平均数要差。

二、中位数

(一)中位数的概念

中位数是指将总体中各单位标志值按大小顺序排列,处于中间位置的那个标志值就是中位数。由于它的位置居中,其数值不受极端数值的影响,也能表明总体各单位标志值的一般水平。

(二)中位数的确定

根据所掌握资料的不同,中位数的确定方法有两种,即根据未分组资料确定中位数和根据分组资料确定中位数。

1.根据未分组资料确定中位数

其确定方法是将各单位的标志值按由小到大或由大到小的顺序排列,确定中位数所在位置,与中位数所在位置相对应的标志值就是中位数。

$$中位数位置=\frac{n+1}{2}(n\ 为标志值的项数)$$

若 n 为奇数,则第 $(n+1)/2$ 项的标志值即为中位数。如某车间 7 名工人,他们的日产零件数按顺序排列为:15,17,19,20,22,23,24,则中位数所在位置为第 4 位[(7+1)/2],第 4 位所对应的标志值即 20 件就是中位数,它代表了这 7 名工人日产零件的一般水平。

若 n 为偶数,那么处于中间位置左右的标志值的算术平均数,就是中位数,假如上例中该车间还有一名工人,他们的日产零件数按顺序排列为 15,17,19,20,22,23,24,25,此时中位数位置为第 4.5 位[(8+1)/2],则中位数为 21[(20+22)/2],即第 4 位和第 5 位所对应的标志值的算术平均数。

2.根据分组数列资料确定中位数。

(1)根据单项式数列确定中位数。首先要考虑标志值分布情况,次数累计到一半时,所对应的变量值即是中位数。

[例 5—14] 某企业工人按生产零件数分组的资料如表 5—13 所示,求中位数。

表 5—13　　工人按生产零件数分组

按生产零件数分组(件/日)	工人数(人)	人数累计	
		向上累计(人)	向下累积(人)
20	10	10	100
21	20	30	90
22	30	60	70
23	20	80	40
24	15	95	20
25	5	100	5
合　计	100	—	—

累计总人数一半(100÷2=50),在生产零件为 22 的这一组中,所以中位数为 22 件。

(2)根据组距数列确定中位数。根据组距数列资料来确定中位数相对比较复杂。

[例 5—15] 现用表 5—14 的资料来说明中位数的确定方法。

表 5—14　　某高校入学新生体重分组累计次数

按体重分组(千克)	学生人数(人)	累计次数	
		向上累计	向下累计
50 以下	28	28	212
50～55	39	67	184
55～60	68	135	145
60～65	53	188	77
65 以上	24	212	24
合　计	212	—	—

①确定中位数所在组(即确定中点位置)。在按组距分组的数列中,处于中间位置的标志值显然是在总次数一半的位置上,它前后的次数应该一样,其方法为总次数除以2。本例为106(212÷2),它说明中位数的位置在本数列中前后各有106名学生的那个位置即在向上累计次数的135名学生的55～60千克这组内,这组即为中位数所在组。

②确定中位数的近似值。确定了中位数所在的组以后,可以采用比例插入法,求得中位数的近似值。这里需要假定体重在55～60千克的68名学生是均匀分布的。故可以采用以下两个公式估算中位数的值:

下限公式为:

$$M_e = L + \frac{\frac{\sum f}{2} - s_{m-1}}{f_m} \times i$$

上限公式为:

$$M_e = U - \frac{\frac{\sum f}{2} - s_{m+1}}{f_m} \times i$$

式中:M_e——中位数;

L——中位数组的下限;

U——中位数组的上限;

S_{m-1}——中位数组以前各组累计次数;

S_{m+1}——中位数组以后各组累计次数;

f_m——中位数组的次数;

i——中位数组的组距;

$\sum f$——总次数。

按下限公式可得中位数 $M_e = 55 + \frac{106-67}{68} \times 5 = 57.87$(千克)

上述资料代入上限公式,也可求得57.87千克(计算略)。

当现象总体中有异常值(极大值或极小值)时,宜于计算和应用中位数和众数,因为它们可以消除极值的影响,比算术平均数更能代表总体的一般水平。

帮你学

确定众数需要满足以下两个前提:

(1)总体单位数较多。若总体单位数不多,虽然可以从中得到一个具有较大频率的数值,但其价值并不一定具有"最普遍值"的意义。

(2)次数分布具有明显的集中趋势。若数列中各个数据出现的频率都差不多,则所得到的"众数"缺乏代表性。

第六节　应用平均指标应注意的问题

正确计算和运用平均指标来分析社会经济现象,应该注意以下几方面的问题:

一、注意所研究社会经济现象的同质性

同质性,就是指总体各单位在被平均标志上具有同类性,这也是应用平均指标最基本的原

则和必须注意的问题。如果各单位在类型上是不同的，特别是在性质上存在着根本差别，那么这样的平均数不仅不能反映事物的本质和内在规律性，而且还会掩盖事物真相。例如，在研究农民收入水平变化时，如果将长期在外务工的农民的收入与从事农业生产劳动的农民的收入合在一起来计算“农民收入”，则平均的结果就不能真实反映农民收入水平的变化，因为两者的收入无论在构成上还是在使用的性质上，都存在着显著的差异。所以只有在同质总体的基础上计算和应用平均指标，才有实际意义。

二、注意用组平均数补充说明总平均数

平均指标反映了总体各单位某一数量标志值的一般水平，但却掩盖了各组之间的差异。总体各组之间及组内之间的差异往往影响总体的特征和分布规律，各组结构变动也会对总体变动产生影响。为了全面认识总体的特征和分布规律，需要将平均指标与统计分组结合起来，用组平均数补充说明总平均数。

[例 5—16] 表 5—15 是某民营企业员工的月工资收入资料。

表 5—15 **某民营企业员工的月工资收入**

按工作年限分组	月工资收入(元)		员工人数(人)	
	2015 年	2016 年	2015 年	2016 年
5 年以上	2 180	2 300	70	40
3～5 年	1 700	1 810	200	100
1～3 年	1 240	1 360	180	300
1 年以下	950	990	115	125
合　计	—	—	565	565

通过计算加权算术平均数可知，该民营企业员工 2016 年的总平均月工资收入为1 424.34 元，比 2015 年的总平均月工资收入1 460.27元降低了 35.93 元。但实际上，从按工作年限分组的资料看，各类员工无论工作年限长短，2016 年的工资收入都比 2015 年有所提高，即实际结果与总平均数相矛盾。之所以出现这种矛盾的结论，原因在于这两年各类工作年限员工的结构发生了变化，2016 年工作年限在 3 年以上的员工所占的比重为 24.78%，较 2015 年同职称的比重低 23.01%；而 2016 年工作年限在 3 年以下的员工人数所占比重则由 52.21%上升为 75.22%。正是由于这种权数结构的变化，导致出现两种平均数的矛盾结果。因此，将总平均数与组平均数结合起来进行分析，正确的评价是 2016 年该企业员工的平均工资水平高于 2015 年的平均水平。

三、注意用分配数列补充说明总平均数

平均指标的重要特征是把总体各单位的数量差异抽象化，掩盖了各单位的数量差异及其分布情况。因此，需要用分配数列补充说明平均数。

[例 5—17] 有两个班级工人的日产量资料如表 5—16 所示。

表 5—16　　两个班级工人的日产量资料

一组		二组	
日产量(件/人)	工人人数(人)	日产量(件/人)	工人人数(人)
20	1	20	0
21	1	21	1
22	5	22	8
23	3	23	1
合　计	10	合　计	10

根据表 5—16 中的资料计算两个班组的加权算术平均数,得知一组、二组工人的平均日产量相等,但这两个班组的日产量分布却明显不同,一组日产量的整个分布偏低,二组日产量的整个分布偏高。一组日产量低于平均水平的占 20%,而二组仅占 10%。

分布结构的不同反映了事物内部的差异,这种差异单从总体平均数还不足以看清楚,必须结合对分配数列的分析和观察才能有效地反映出来。

四、平均指标要与变异指标相结合使用

详细内容见第七节。

第七节　标志变异指标

一、标志变异指标的概念和作用

(一)标志变异指标的概念

标志变异指标又称标志变动度,它是用来反映总体各单位标志值之间差异程度的指标,也是度量统计分布离中趋势的综合指标。标志变异指标与平均指标之间具有相互联系、相互对应的关系。平均指标表现为总体各单位标志值的一般水平,反映各单位标志值的集中趋势;而标志变异指标则表现为总体各单位标志值的差异程度,反映各单位标志值的离中趋势。在研究现象总体数量特征时,仅用平均指标说明集中趋势是不够的。既看到总体的集中趋势,又看到总体的离中趋势,才能全面认识总体的数量特征。所以,要把平均指标与标志变异指标结合起来运用。

(二)标志变异指标的作用

在统计分析研究中,标志变异指标的作用可以概括为以下几点:

1.标志变异指标可以衡量平均数代表性的大小

平均指标作为总体内各单位某一数量标志的代表值,其代表性的大小与总体各单位标志值的差异程度有直接关系。理论与实践均证明了这种关系,其表现是:总体的标志变异指标值愈大,平均数代表性愈小;反之,标志变异指标值愈小,平均数代表性愈大。

[例 5—18]　某工厂某车间两个班组各 10 名工人的每人日产某种零件数如下:

第一组:18,25,30,35,52,70,75,85,90,120

第二组:50,51,52,53,55,60,63,71,72,73

依以上资料可以算出,这两个小组的平均日产量均为60件,但是,各组工人日产零件的差异程度却不同。第一组各个工人之间生产零件数相差很大,最高与最低相差102件;第二组各工人日产零件数的差异却较小,最高与最低仅相差23件。很明显,两组工人平均日产零件数虽然都是60件,但对第一组来说,其代表性要小得多;对第二组来说,其代表性相对大得多。

2.标志变异指标可以反映社会经济活动过程的均衡性、节奏性和稳定性

由于标志变异指标可以表明生产过程的节奏性和社会经济活动过程的均衡性,因此,利用它可以进行产品质量控制和评价经济管理工作质量。

3.标志变异指标是科学地确定必要的抽样单位数应考虑的重要因素

进行抽样调查时,为了合理地利用人力、财力、物力和时间,应正确地确定必要的样本单位数,抽取的样本单位数过多或过少都会影响样本平均数的代表性。而标志变异指标的大小可以帮助我们正确地确定必要的样本单位数。

二、标志变异指标的计算与分析

标志变异指标主要有全距、平均差、标准差及标志变异系数。

(一)全距

全距是测定标志变异程度最简单的指标,它是指总体各单位标志值中最大值与最小值之差,反映了各标志值的变动范围。由于是两个极端值之差,故又称极差,用符号"R"来表示。

对未分组资料或单项式数列资料:

$$R=\text{最大标志值}-\text{最小标志值}$$

对分组资料:

$$R\approx\text{最高组的上限}-\text{最低组的下限}$$

[例5—19] 仍以[例5—17]中的资料为例,计算全距。

第一组:全距 $R=120-18=102$(件)

第二组:全距 $R=73-50=23$(件)

两组平均日产量都是60件,但从全距来看,第一组日产量变异程度大,第二组日产量变异程度小。

从计算可知,全距反映了总体各单位标志值的变动范围。它的优点是计算简便,易于了解。所以在实际工作中应用十分广泛,如在工业企业的产品质量管理中、证券市场的行情分析中都有广泛应用。

但全距在计算时只取决于两个极端数值,没有考虑到中间各标志值的变动情况,只说明标志值变异的范围,并没反映所有标志差异的大小,故不能全面反映总体各单位标志值的差异程度。所以,这种方法是很粗略的。为精确地表明总体各单位在某一标志上的差异大小和程度,还应当利用其他变异指标,诸如平均差、标准差及其变异系数等。

(二)平均差

平均差是总体各单位标志值与其算术平均数值离差绝对值的算术平均数,它反映的是各变量值与其平均数的平均差异程度,用符号"$A.D$"表示。计算平均差的目的是测算各单位标志值与算术平均数离差的大小。因为离差有正、有负,还可能是零,所以,为了避免加总过程中的正负抵消,计算平均差时要取离差的绝对值。

平均差的计算由于依据的资料条件不同,可分为简单平均差和加权平均差两种。

1.简单平均差

如果掌握的是未经分组的(原始数列)资料,则采用简单平均差。一般分两个步骤来完成:第一步,求各单位标志值与其算术平均数离差的绝对值;第二步,将离差的绝对值之和除以项数。

其计算公式为:

$$A.D=\frac{\sum|x-\bar{x}|}{n}$$

[例 5—20] 某工厂某车间两个班组工人的每人日产某种零件数,未经分组的资料见表 5—17,求平均差。

表 5—17　　平均差计算表

第一组(平均日产量为 60 件)			第二组(平均日产量为 60 件)		
日产量 (x)	离差 $x-\bar{x}$	离差绝对值 $\|x-\bar{x}\|$	日产量 (x)	离差 $x-\bar{x}$	离差绝对值 $\|x-\bar{x}\|$
18	—42	42	50	—10	10
25	—35	35	51	—9	9
30	—30	35	52	—8	8
35	—25	25	53	—7	7
52	—8	8	55	—5	5
70	10	10	60	0	0
75	15	15	63	3	3
85	25	25	71	11	11
90	30	30	72	12	12
120	60	60	73	13	13
合　计	—	285	合计	—	78

第一组的平均差 $A.D=\frac{\sum|x-\bar{x}|}{n}=\frac{285}{10}=28.5$(件)

第二组的平均差 $A.D=\frac{\sum|x-\bar{x}|}{n}=\frac{78}{10}=7.8$(件)

可见,第一组和第二组两组工人的平均日产量虽然都是 60 件,但因为第一组的平均差 28.5 件比第二组的平均差 7.8 件大,所以第一组的平均数代表性就小于第二组的代表性。

2.加权平均差

如果掌握的资料是分组数列时,则应采用加权平均差。其公式为:

$$A.D=\frac{\sum|x-\bar{x}|f}{\sum f}$$

[例 5—21] 某公司员工月工资分组资料如表 5—18 所示,求平均差。已知另一公司员工月平均工资为2 214元,平均差为 398 元/人,试分析两家企业平均工资的代表性。

表 5—18　　某公司员工月工资额资料及加权平均差计算表（$\bar{x}$=2 214 元/人）

按工资额分组（元）	员工数（人）f	组中值 x	离差绝对值 $\|x-\bar{x}\|$	离差绝对值加权 $\|x-\bar{x}\|f$
1 000 以下	3	750	1 464	4 392
1 000～1 500	5	1 250	964	4 820
1 500～2 000	10	1 750	464	4 640
2 000～2 500	35	2 250	36	1 260
2 500～3 000	10	2 750	536	5 360
3 000 以上	7	3 250	1 036	7 252
合计	70	—	—	27 724

根据表 5—18 中的资料，可得加权算术平均数为 2 214 元/人，加权平均差为：

$$A.D=\frac{\sum|x-\bar{x}|f}{\sum f}=\frac{27\ 724}{70}=396.1（元/人）$$

平均差的数值愈小，其平均数的代表性愈大。计算结果表明，该公司员工月工资额的加权平均差为 396.12 元/人，小于另一公司，即该公司员工平均工资代表性大于另一公司。

平均差的意义明确，它包括了研究总体所有标志值的差异情况，能够准确地综合反映总体的离差大小，在某些产品质量检查中应用。但是，由于总体中各单位标志值与算术平均数的离差之和等于零，所以就取离差绝对值计算。用绝对值进行运算，不适于用代数形式处理，在实际应用上受到很大限制。

（三）标准差

1.标准差的概念

标准差又称为均方差，标准差的平方称为方差。标准差是总体中各单位标志值与算术平均数离差平方的算术平均数的平方根，它是标志变异指标最重要、最常用的指标。用符号 σ 表示。

2.标准差的计算

依据资料条件的差异，其计算公式也分为简单的与加权的两种形式。

（1）简单平均式。如果掌握的是未分组的原始数列资料，在计算标准差时，采用下列公式：

$$\sigma=\sqrt{\frac{\sum(x-\bar{x})^2}{n}}$$

［例 5—22］ 以例 5—17 中的工人日产零件为例，说明简单标准差的计算。列计算表如表 5—19。

表 5—19　　工人日产零件数标准差计算表

第一组（平均日产量为 60 件）			第二组（平均日产量为 60 件）		
日产量（x）	离差 $x-\bar{x}$	离差平方 $(x-\bar{x})^2$	日产量（x）	离差 $x-\bar{x}$	离差平方 $(x-\bar{x})^2$
18	−42	1 764	50	−10	100
25	−35	1 225	51	−9	81
30	−30	900	52	−8	64
35	−25	625	53	−7	49

第一组(平均日产量为60件)			第二组(平均日产量为60件)		
日产量 (x)	离差 $x-\bar{x}$	离差平方 $(x-\bar{x})^2$	日产量 (x)	离差 $x-\bar{x}$	离差平方 $(x-\bar{x})^2$
52	−8	64	55	−5	25
70	10	100	60	0	0
75	15	225	63	3	9
85	25	625	71	11	121
90	30	900	72	12	144
120	60	3 600	73	13	169
合计	—	10 028	合计	—	762

根据表5—19中的资料,第一组日产量的简单标准差为:

$$\sigma=\sqrt{\frac{\sum(x-\bar{x})^2}{n}}=\sqrt{\frac{10\ 028}{10}}=31.67(\text{件})$$

第二组日产量的简单标准差为:

$$\sigma=\sqrt{\frac{\sum(x-\bar{x})^2}{n}}=\sqrt{\frac{762}{10}}=8.73(\text{件})$$

计算结果说明,在第一组和第二组工人平均日产零件数相等的条件下,第一组的标准差大,第二组的标准差小。这表明,第一组平均数代表性小于第二组。

(2)加权标准差。如果掌握的资料是分组资料,则可采用如下公式计算加权标准差:

$$\sigma=\sqrt{\frac{\sum(x-\bar{x})^2f}{\sum f}}$$

[例5—23] 仍以表5—18资料为例,说明加权标准差的计算,见表5—20。

表5—20　　某公司员工月工资额资料及加权平均差计算表($\bar{x}$=2 214元/人)

按工资额分组(元)	员工数(人) f	组中值 x	离差 $x-\bar{x}$	离差平方 $(x-\bar{x})^2$	离差平方加权 $(x-\bar{x})^2f$
1 000以下	3	750	−1 464	2 143 296	6 429 888
1 000~1 500	5	1 250	−964	929 296	4 646 480
1 500~2 000	10	1 750	−464	215 296	2 152 960
2 000~2 500	35	2 250	36	1 296	45 360
2 500~3 000	10	2 750	536	287 296	2 872 960
3 000以上	7	3 250	1 036	1 073 296	7 513 072
合计	70	—	—	—	23 660 720

根据表5—18中的资料,可得加权算术平均数为2 214元/人,加权标准差为:

$$\sigma=\sqrt{\frac{\sum(x-\bar{x})^2f}{\sum f}}=\sqrt{\frac{23\ 660\ 720}{70}}=581.39(\text{元/人})$$

3. 标准差的特点

标准差一方面具有平均差的优点，即它将总体中各单位标志值的差异全部包括在内，可以准确地反映总体的离散程度；同时标准差还避免了求平均差时存在的取绝对值的问题，能够适合于代数运算等数学处理。由于标准差的这些优点，在实际工作中一般都用它来测定总体的离散程度，其应用最为广泛。

但标准差都是用有名数表示的平均差异程度，它们的数值受平均指标数值大小的影响。当总体平均指标数值比较大时，标准差的数值就大；反之，标准差的数值就小。因此，在比较不同平均水平下的总体变异程度时，还需引入其他变异指标。

(四)变异系数

变异系数又称为离散系数，是指标志变异指标与其算术平均数之比的百分数。主要有全距系数、平均差系数和标准差系数等，其中最常用的是标准差系数。

标准差系数是指对具有不同平均水平的数列或总体，由于不宜直接通过标准差来比较其标志变异度的大小，而需要将标准差与相应的平均数对比，计算标志变异的相对指标。标准差与相应的平均数之比，用以表明标志变异的相对程度的指标，就是标准差系数（又称离散系数）。它可以消除数列平均水平高低对标志变异度大小的影响，反映不同水平和不同性质的变量数列的变异程度。

标准差系数的一般公式为：

$$V_\sigma=\frac{\sigma}{\bar{x}}\times100\%$$

[例 5—24] 资料如表 5—21 所示，说明甲品种和乙品种哪一个更适宜推广。

表 5—21 **小麦品种相关计算**

甲品种					乙品种				
种植面积（亩）f	产量（千克）xf	x	$(x-\bar{x})^2$	$(x-\bar{x})^2f$	种植面积（亩）f	产量（千克）xf	x	$(x-\bar{x})^2$	$(x-\bar{x})^2f$
12	7 200	600	625	7 500	9	6 300	700	6 084	54 756
6	4 440	740	13 225	79 350	18	11 700	650	784	14 112
9	4 950	550	5 625	50 625	12	5 400	450	29 584	355 008
12	8 400	700	5 625	67 500	6	4 920	820	39 204	235 224
6	3 120	520	11 025	66 150	15	9 000	600	484	7 260
45	28 110	—	—	271 125	60	37 320	—	—	666 360

经上述资料计算可知：

甲品种平均亩产 $\bar{x}$=625(千克/亩)，乙品种平均亩产 $\bar{x}$=622(千克/亩)

$$\sigma_{甲}=\sqrt{\frac{\sum(x-\bar{x})^2f}{\sum f}}=\sqrt{\frac{271\ 125}{45}}=77.62(千克/亩)$$

$$\sigma_{乙}=\sqrt{\frac{\sum(x-\bar{x})^2f}{\sum f}}=\sqrt{\frac{666\ 360}{60}}=105.39(千克/亩)$$

甲品种的标准差系数为：

$$V_\sigma=\frac{\sigma}{\bar{x}}\times100\%=\frac{77.62}{625}\times100\%=12.41\%$$

乙品种的标准差系数为：

$$V_\sigma=\frac{\sigma}{\bar{x}}\times100\%=\frac{105.39}{622}\times100\%=16.94\%$$

显然甲品种的标准系数小于乙品种，即甲品种的变异程度低于乙品种，所以甲品种的平均亩产代表性高于乙品种，更适宜推广甲品种。

标准差系数的特点是不受计量单位和标志值水平的影响，消除了不同总体之间在计算单位、平均水平方面的不可比性。

帮你学

1.离差有正、有负，还可能是零。

2.计算平均差时要取离差的绝对值是为了避免加总过程中的正负抵消。

3.平均差的计算具有局限性。

本章小结

1.平均指标是同类社会经济现象总体内各单位某一数量标志在一定时间、地点和条件下数量差异抽象化的代表性水平指标，包括算数平均数、调和平均数、几何平均数、众数和中位数等。

平均指标的特点：(1)它是一个代表值，可以代表总体的一般水平；(2)它是一个抽象化的数值，即把同质总体内各单位在某一数量标志上的差异抽象化了，是对各单位具体数值的平均；(3)它反映了总体分布的集中趋势，同一总体一般距离其平均值远的标志值较少，而距离其平均值近的或接近平均值的标志值比较多。

2.平均指标的几个重要公式。

加权算术平均数 $\bar{x}=\dfrac{x_1f_1+x_2f_2+x_3f_3+\cdots+x_nf_n}{f_1+f_2+f_3+\cdots+f_n}=\dfrac{\sum xf}{\sum f}$

加权调和平均数 $\overline{x_H}=\dfrac{m_1+m_2+m_3+\cdots+m_n}{\dfrac{m_1}{x_1}+\dfrac{m_2}{x_2}+\dfrac{m_3}{x_3}+\cdots+\dfrac{m_n}{x_n}}=\dfrac{\sum m}{\sum\dfrac{m}{x}}$

加权几何平均数 $\overline{x_G}=\sqrt[f_1+f_2+\cdots+f_n]{x_1^{f_1}x_2^{f_2}\cdots x_n^{f_n}}=\sqrt[\sum f]{\prod x^f}$

众数的下限 $M_0=L+\dfrac{\Delta_1}{\Delta_1+\Delta_2}\times i$

上限 $M_0=U-\dfrac{\Delta_2}{\Delta_1+\Delta_2}\times i$

中位数的下限 $M_e=L+\dfrac{\dfrac{\sum f}{2}-s_{m-1}}{f_m}\times i$

$$上限\ M_e = U - \frac{\frac{\sum f}{2} - s_{m+1}}{f_m} \times i$$

3.标志变异指标是用来反映总体各单位标志值之间差异程度的指标。

其作用有

(1)可以衡量平均数代表性的大小;

(2)可以反映社会经济活动过程的均衡性、节奏性和稳定性;

(3)是科学地确定必要的抽样单位数应考虑的重要因素。

4.变异指标的几个重要公式。

如果掌握的资料是分组数列,采用加权平均差:

$$A.D = \frac{\sum |x - \bar{x}| f}{\sum f}$$

如果掌握的资料是分组资料,采用加权标准差:

$$\sigma = \sqrt{\frac{\sum (x - \bar{x})^2 f}{\sum f}}$$

标准差系数的一般公式为:$V_\sigma = \frac{\sigma}{\bar{x}} \times 100\%$

技能训练

一、单项选择题

1.加权算术平均数的大小(　　)。

A. 受各组次数 f 的影响最大　　B. 受各组标志值 X 的影响最大

C. 只受各组标志值 X 的影响　　D. 受各组次数 f 和各组标志值 X 的共同影响

2.平均数反映了(　　)。

A. 总体分布的集中趋势　　B. 总体中总体单位分布的集中趋势

C. 总体分布的离散趋势　　D. 总体变动的趋势

3.在变量数列中,如果标志值较小的一组权数较大,则计算出来的算术平均数(　　)。

A. 接近标志值大的一方　　B. 接近标志值小的一方

C. 不受权数的影响　　D. 无法判断

4.根据变量数列计算平均数时,在(　　)的情况下,加权算术平均数等于简单算术平均数(　　)。

A. 各组次数递增　　B. 各组次数大致相等　　C. 各组次数相等　　D. 各组次数不相等

5.已知某局所属 12 个工业企业的职工人数和工资总额,要求计算该局职工的平均工资,应该采用(　　)。

A. 简单算术平均法　　B. 加权算术平均法　　C. 加权调和平均法　　D. 几何平均法

6.已知 5 个水果商店苹果的单价和销售额,要求计算 5 个商店苹果的平均单价,应该采用(　　)。

A. 简单算术平均法　　B. 加权算术平均法　　C. 加权调和平均法　　D. 几何平均法

7.计算平均数的基本要求是所要计算的平均数的总体单位应是(　　)。

A. 大量的　　B. 同质的　　C. 差异的　　D. 少量的

8.某公司下属 5 家企业,已知每家企业某月产值计划完成百分比和实际产值,要求计算该公司平均计划完成程度,应采用加权调和平均数的方法计算,其权数是(　　)。

A. 计划产值　　B. 实际产值　　C. 工人数　　D. 企业数

9.中位数和众数是一种(　　)。

A. 代表值　　B. 常见值　　C. 典型值　　D. 实际值

10.由组距变量数列计算算术平均数时,用组中值代表组内标志值的一般水平,有一个假定条件,即(　　)。

A. 各组的次数必须相等　　B. 各组标志值必须相等

C. 各组标志值在本组内呈均匀分布　　D. 各组必须是封闭组

11.平均差与标准差的主要区别在于(　　)。

A. 指标意义不同　　B. 计算条件不同　　C. 计算结果不同　　D. 数学处理方法不同

12.某贸易公司的20个商店本年第一季度按商品销售额分组如下:

按商品销售额分组(万元)	20以下	20～30	30～40	40～50	50以上
商店个数(个)	1	5	9	3	2

则该公司20个商店商品销售额的平均差为(　　)。

A. 7万元　　B. 1万元　　C. 12万元　　D. 3万元

13. 下列标志变异指标中易受极端值影响的是(　　)。

A.标准差系数　　B.标准差　　C.全距　　D.平均差

14.标志变异指标说明变量的(　　)。

A.变动趋势　　B.集中趋势　　C.离中趋势　　D.一般趋势

15. 标准差指标数值越小,则反映变量值(　　),平均数代表性(　　)。

A.越分散　越低　　B.越分散　越高　　C.越集中　越高　　D.越集中　越低

二、多项选择题

1.在各种平均数中,不受极端值影响的平均数是(　　)。

A. 算术平均数　　B. 调和平均数　　C. 中位数　　D. 几何平均数

E. 众数

2.加权算术平均数的大小(　　)的影响。

A. 受各组频数或频率　　B. 受各组标志值大小

C. 受各组标志值和权数　　D. 只受各组标志值大小

E. 只受权数大小的影响

3.平均数的作用是(　　)。

A. 反映总体的一般水平

B. 对不同时间、不同地点、不同部门的同质总体平均数进行对比

C. 测定总体各单位的离散程度

D. 测定总体各单位分布的集中趋势

E. 反映总体的规模

4.众数是(　　)。

A. 位置平均数

B. 总体中出现次数最多的标志值

C. 不受极端值的影响

D. 适用于总体单位数多、有明显集中趋势的情况

E. 处于变量数列中点位置的那个标志值

5.在(　　)条件下,加权算术平均数等于简单算术平均数。

A. 各组次数相等　　B. 各组标志值不等

C. 变量数列为组距变量数列　　D. 各组次数都为1

E. 各组次数占总次数的比重相等

6.计算和应用平均数的原则是(　　)。

A. 现象的同质性
B. 用组平均数补充说明总平均数
C. 用变量数列补充说明平均数
D. 用时间变量数列补充说明平均数
E、把平均数和典型事例结合起来

7.几何平均数主要适用于(　　)。

A. 标志值的代数和等于标志值总量的情况
B. 标志值的连乘积等于总比率的情况
C. 标志值的连乘积等于总速度的情况
D. 具有等比关系的变量数列
E. 求平均比率时

8.中位数是(　　)。

A. 由标志值在变量数列中所处的位置决定的
B. 根据标志值出现的次数决定的
C. 总体单位水平的平均值
D. 总体一般水平的代表值
E. 不受总体中极端数值影响的

9.不同总体间的标准差不能简单进行对比,是因为(　　)。

A. 平均数不一致　B. 标准差不一致　C. 计量单位不一致　D. 总体单位数不一致
E. 与平均数的离差之和不一致

10.不同数据组间各标志值的差异程度可以通过标准差系数进行比较,因为标准差系数(　　)。

A. 消除了不同数据组各标志值的计量单位的影响
B. 消除了不同数列平均水平高低的影响
C. 消除了各标志值差异的影响
D. 数值的大小与数列的差异水平无关
E. 数值的大小与数列的平均数大小无关

三、判断题(把"√"或"×"填在题后的括号里)

1.算术平均数的大小,只受总体各单位标志值大小的影响。(　　)

2.在特定条件下,加权算术平均数等于简单算术平均数。(　　)

3.权数对算术平均数的影响作用取决于权数本身绝对值的大小。(　　)

4.众数既不受数列中极端值的影响,也不受数列中开口组的影响。(　　)

5.同一数列中众数大于中位数。(　　)

6.中位数和众数都属于平均数,因此它们数值的大小受到总体内各单位标志值大小的影响。(　　)

7.标志变异指标数值越大,说明总体中各单位标志值的变异程度越大,平均指标的代表性就越小。(　　)

8.对任何两个性质相同的变量数列,比较其平均数的代表性,都可以采用标准差指标。(　　)

9.标准差系数是测量标志变异程度的一个相对指标,因而其数值的大小与标志值之间的差异程度无关。(　　)

四、业务题

1.2015 年某月份甲、乙两农贸市场某农产品价格和成交量、成交额资料如下：

品种	价格(元/千克)	甲市场成交额(万元)	乙市场成交量(万千克)
甲	1.2	1.2	2
乙	1.4	2.8	1
丙	1.5	1.5	1
合计	—	5.5	4

试问哪一个市场农产品的平均价格高？并说明原因。

2.某厂生产某种机床配件,要经过三道生产工序,现生产一批该产品在各道生产工序上的合格率分别为 95.74%,93.48%,97.23%。根据资料计算三道生产工序的平均合格率。

3.已知某企业有如下资料：

按计划完成百分比分组(%)	实际产值(万元)
80～90	986
90～100	1 057
100～110	1 860
110～120	1 846

计算该企业按计划完成百分比。

4.某市场有三种不同的苹果，每斤价格分别为 2 元、3 元和 4 元，试计算：各买一斤，平均每斤多少钱？各买一元，平均每斤多少钱？

5.某高校某系学生的体重资料如下：

按体重分组(千克)	学生人数(人)
52 以下	28
52～55	39
55～58	68
58～61	53
61 以上	24
合计	212

试根据所给资料计算学生体重的算术平均数、中位数、众数。

6.对成年组和幼儿组共 500 人身高资料分组，分组资料列表如下：

成年组		幼儿组	
按身高分组(cm)	人数(人)	按身高分组(cm)	人数(人)
150～155	30	70～75	20
155～160	120	75～80	80
160～165	90	80～85	40
165～170	40	85～90	30
170 以上	20	90 以上	30
合计	300	合计	200

要求：(1)分别计算成年组和幼儿组身高的平均数、标准差和标准差系数。

(2)说明成年组和幼儿组平均身高的代表性哪个大？为什么？

第六章

动态数列分析

【学习目标】

1. 理解动态数列的概念、作用;区分不同种类的动态数列;

2.熟练掌握动态分析的水平和速度指标,运用它们之间的数量关系进行动态指标的相互推算;

3.理解趋势的意义,运用长期趋势测定方法对长期趋势进行测定;

4.计算季节比率,并且深刻理解季节比率的经济含义。

【案例引导】

据《中国日报》消息,中国科学院预测科学研究中心发布了2016年中国经济预测,预计全年GDP增速为6.7%左右,较2015年下降约0.2个百分点。

该预测显示,2016年,消费将成为拉动GDP增长的最强动力,约为GDP增长贡献4.0个百分点,投资和净出口将分别贡献2.6和0.1个百分点。

此外,第一、二、三产业增加值增速分别为3.6%,5.3%和8.6%。

该预测指出,今年全年社会消费品零售总额同比增长约为10.5%,略低于2015年10.7%的增速。全年固定资产投资增速将保持总体平稳态势,增速大约为10%左右,低于2015年的10.2%。工业增加值增速将继续由2015年的6.1%下降到5.5%。进出口总额增速预计为2.7%,而2015年进出口总额预期同比下降8.2%。

第一节　动态数列的意义和种类

客观事物都是不断地发展变化之中,对事物发展变化的规律,不仅要从内部结构、相互关联中去认识,而且应从随时间演变的过程去研究。这就需要运用统计学中的动态数列分析方法。

一、动态数列的概念

关于社会经济现象的统计数据，大多数是在不同时间观测记录的。为了研究某种事物在不同时间的发展状况，分析其随时间推移的发展趋势，揭示其演变规律，进而预测事物在未来时间的数量，我们通常把反映某种事物在时间上变化的统计数据，按照时间顺序排列起来。

所谓动态，是指某种现象在时间上的发展变化。把反映某种现象的同一指标，在不同时间上的指标数值，按时间(如按年、季、月、日等)先后顺序编排所形成的数列，称为动态数列或时间数列，又称时间序列(见表6—1)。

表6—1　　我国2010～2014年若干经济指标

指标＼年份	2010	2011	2012	2013	2014
国内生产总值(亿元)	401 202.00	484 123.50	534 123.00	588 018.80	636 138.73
粮食产量(亿千克)	54 648	57 121	58 957	60 193	60 709
年底人口数(万人)	134 091	134 735	135 404	136 072	136 782
移动电话年末用户(万户)	8.59	9.86	11.12	12.29	12.86
城镇居民人均可支配收入(元)	19 109	21 810	24 565	26 955	28 844

资料来源：《中国统计年鉴(2015)》。

由表6—1可以看出，任何一个动态数列均由两个基本要素构成：一个是现象所属的时间，另一个是反映在现象所属时间的发展水平即统计指标数值。

要研究和分析现象的发展变化，必须编制动态数列，因为动态数列是动态分析的依据。动态数列的主要作用是：第一，它可以描述被研究现象的发展过程和结果；第二，通过它可分析被研究现象的发展速度、趋势，探索其发展变化的规律性；第三，通过动态数列有关统计数据的计算、研究，对所研究的现象作趋势预测；第四，将不同国家或地区同类现象的动态数列进行对比，观察其发展变化的数量关系，也可将两个以上相关现象在同一历史时期的动态数列进行对比，分析其发展变化的协调性。

二、动态数列的种类

根据统计指标表现形式不同，动态数列可分为绝对数动态数列、相对数动态数列和平均数动态数列三种。其中，绝对数动态数列是基本数列，相对数和平均数动态数列是派生数列。

(一)绝对数动态数列

在这种动态数列中，统计指标值表现为总量指标。将现象某一总量指标在不同时间的数值序时编排所形成的数列，称为绝对数动态数列。它反映被研究现象总水平(或规模)的发展过程和结果。根据指标值的时间特点，又可分为时期数列和时点数列。例如，表6—1中的国内生产总值就是时期数列，“年底人口数”就是时点数列。

1.时期数列

排列在总量指标动态数列中的每个指标数值，均反映现象在一段时期内发展过程的总和，该动态数列称为时期数列。例如，表6—1中的第一个、第二个动态数列便是时期数列。时期数列具有如下特点：

第一，时期数列中各个指标的数值可以相加。时期数列中彼此连接时期的指标值可以加总，得出更长时期的总计值。例如，将表 6－1 中各年的粮食产量加总，就可以得到这期间我国粮食产量的总额。

第二，时期数列具有连续统计的特点。由于反映的是现象在一段时间内发展过程的总量，时期数列必须在这段时间内把所有发生的数量逐一登记后进行累计。

第三，时期数列中各个指标数值大小与所包括的时期长短有直接关系。时期可以是日、月、季、年或更长的时期，这要根据具体研究的目的来确定。例如，研究我国“十五”至“十三五”期间国民经济的发展变化，就可以五年为一个时期。在时期数列中，时期越长，指标数值越大；时期越短，指标数值越小。

2.时点数列

时点数列中，每一指标值都反映现象在某一时点上总量。例如，表 6－1 中的年底人口数的动态数列中，各个指标值说明在各年末这一时点上人口数所达到的水平。时点数列具有如下特点：

第一，时点数列中各个指标的数值不具有可加性。时点数列中，同样一个总体单位或者标志值可能统计到数列中几个时期的指标值中。例如，人口普查中，人口中有很大一部分又包含在以后的各年中。时点数列中每一个指标值都是表明某现象在一定时点上所达到的水平，各指标数值相加会使数据资料重复叠加，没有实际意义。

第二，时点数列不具有连续统计的特点。由于反映的是现象在某一时刻上的状况，时点数列中的指标数值通常不是连续登记取得的，而是在某一时点上进行统计。

第三，时点数列中各个指标数值大小与其所属各时点间隔长短没有直接关系。时点数列各指标数值只表明现象在某一瞬间上的数量，因此其数值与时点间的间隔长短没有直接联系。如年底的工人数、库存量就不一定比年内各月底的数值大。

（二）相对指标动态数列

将现象某一相对指标在不同时间的数值序时编排所形成的数列，称为相对指标动态数列，它反映被研究现象数量对比关系的发展变化过程。例如，表 6－1 中的城镇居民人均可支配收入反映的动态数列，就是一个相对指标动态数列。相对指标动态数列中的相对数，除上述所举的结构相对数外，也可以是第四章所讲过的其他任何一种相对数，如计划完成相对数、比例相对数、比较相对数、动态相对数和强度相对数等。相对指标动态数列中各时间上的数值，是不能加总的。

（三）平均指标动态数列

把一系列平均指标按时间先后顺序排列形成的动态数列称为平均指标动态数列。它反映社会经济现象总体各单位某个标志一般水平的发展变动趋势。平均指标动态数列也是由两个绝对数动态数列对比而形成的。它可以是两个时期数列对比形成的，如单位产品成本动态数列；可以是两个时点数列对比形成的，如平均每户家庭人口数动态数列；也可以是一个时期数列与一个时点数列对比形成的，如职工年平均工资动态数列。在平均指标动态数列中，每个指标都是平均数，而且各个指标数值相加也是没有实际意义的。

三、动态数列的编制原则

编制动态数列的目的，在于通过动态数列中的指标各数值前后的对比，来观察和分析被研究现象的变化过程及其发展趋势和规律性，因此，保证动态数列中的指标各数值的可比性，是编制动态数列应遵循的基本原则。具体来说，有以下几点：

(一)总体范围应一致

总体范围,通常是指现象的空间范围。例如,要研究一个省(直辖市、自治区)的人口数、耕地面积的发展变化情况,需要分别编制这些统计指标的动态数列。如果该省的行政区划有过变动,其变动前后的统计指标数值是不能直接对比的,否则会歪曲被研究现象本身变化的趋势和规律性。正确编制动态数列,应根据研究目的,将总体区划变动前后的统计资料加以调整,使其总体范围一致。

(二)指标的内容应相同

指标的内容与指标所反映现象的性质是密切联系着的,当指标所反映现象的性质发生变化时,指标的名称虽然依旧,但它已属于另一种性质的规定性。在此情况下,若将该指标数值进行动态对比分析,结论很可能是错误的。

(三)时期数列的时期长短应一致,时期数列和时点数列的间隔力求一致

时期数列指标数值的大小与时期的长短有直接关系,因此,时期数列各指标数值的时期长短应一致。时期数列和时点数列指标数值的大小与其间隔的长短无直接联系,因此,这两种数列的间隔长短不等都是可以的。但为了便于研究现象变化的规律性,它们的间隔相等更佳。

(四)指标的计算方法、计算价格和计量单位应一致

指标的计算方法通常也叫指标的计算口径。有的指标名称是一个,但其计算口径因研究目的不同有多个。例如,按先进先出法、后进先出法计算的存货的价值,结果就有很大差别。可见,一个动态数列中,各期指标的计算方法、计算价格和计量单位若不相同,其指标数值就不具有可比性。

帮你学

1. 动态数列可以描述被研究现象的发展过程和结果;

2. 动态数列能提供被研究现象最基本的统计数据,反映其发展速度、趋势和规律性,并依此作趋势预测;

3. 将两个以上相关现象在同一时期动态数列进行对比,可分析它们的发展变化是否协调。

第二节　动态数列的水平指标

动态数列虽描述了现象的发展过程和结果,但它还不能直接反映现象各期的增减数量、变动速度和规律性。为深刻揭示现象的这些方面,需运用一系列的动态分析指标。常用的动态分析指标有:发展水平、平均发展水平、增长量、平均增长量、发展速度、增长速度、平均发展速度和平均增长速度等。前四种为动态数列的水平指标,用于现象发展的水平分析,是本节的内容;后四种为动态数列的速度指标,用于现象发展的速度分析,将在下一节阐述。

一、发展水平

发展水平是指动态数列中的各项指标数值,它反映现象在一定时期内或时点上所达到的规模或水平,是计算动态分析指标的基础。发展水平是时期或时点总量指标,如工资总额、工业总产值、年末职工人数;也可以表现为相对指标或平均指标,如人口出生率、工人劳动生产率等。

用符号 a 代表发展水平,下标 $0,1,2,3,\cdots,n$ 表示时间序号,按在动态数列中的次序地位不同，发展水平又分为最初、中间和最末三种水平。动态数列中的第一个数值 a_0 叫最初水平，最后一个数值 a_n 叫最末水平，中间各项数值叫中间水平。它们是计算其他动态分析指标的基础。另外，所要观察计算研究的那个时期的指标水平，称为报告期水平；用做对比基础时期的指标水平，称为基期水平。

二、平均发展水平

将一个动态数列各期发展水平加以平均而得的平均数，叫平均发展水平，又称为动态平均数或序时平均数。可见，序时平均数与一般平均数（静态平均数）是有区别的：第一，序时平均数是根据动态数列计算的，而一般平均数是根据变量数列计算的；第二，序时平均数所平均的是被研究现象本身的数量在不同时间上的差异，而一般平均数所平均的是总体各单位某一标志值的差异；第三，序时平均数是从动态上表明被研究现象本身在一段时间内的平均发展水平，而一般平均数是从静态上说明总体各单位某个标志值的平均水平。序时平均数在动态分析中被广泛运用。

由于发展水平可以是绝对数、相对数或平均数，而绝对数又有时期指标和时点指标，因此用它们计算序时平均数时，方法各不相同。

（一）由绝对数动态数列计算序时平均数

1.时期数列序时平均数的计算

时期数列序时平均数的计算方法比较简单，只需将数列各期水平直接加总除以数列项数即得，其计算公式为：

$$\bar{a}=\frac{\sum a}{n}$$

式中：$\bar{a}$——序时平均数；

a——各时期发展水平；

n——时期项数。

［例 6—1］ 根据表 6—2 中某商场的商品销售额动态数列资料计算一季度、二季度及上半年的月平均销售额。

表 6—2　　**某商业企业 2016 年上半年各月销售额**

月份	1 月	2 月	3 月	4 月	5 月	6 月
销售额（万元）	163	160	157	162	170	166

$$第一季度月平均销售额=\frac{163+160+157}{3}=160(万元)$$

$$第一季度月平均销售额=\frac{162+170+166}{3}=166(万元)$$

$$上半年月平均销售额=\frac{163+160+157+162+170+166}{6}=163(万元)$$

2. 时点数列序时平均数的计算

要精确计算时点数列的序时平均数，就应掌握每一时点的资料，但这实际上是不可能的。在社会经济统计中，一般是把一天看作一个时点，即以“天”作为最小时间单位，这样便有连续时点数列和间断时点数列的区别。资料逐日登记的是连续时点数列；资料间隔较长一段时间登记一次,然后依次排列的是间断时点数列。这两种数列的类型不同,计算序时平均数的方法也不同。

(1)间隔相等的连续时点数列求序时平均数。

[例 6—2] 某单位对职工天天都考勤,因而有每日出勤人数,资料如表 6—3,计算该单位一周的平均出勤人数。

表 6—3 **某单位职工出勤人数资料**

时　间	周一	周二	周三	周四	周五
出勤工人数(人)	126	130	128	135	136

$$\bar{a}=\frac{\sum a}{n}=\frac{126+130+128+135+136}{5}=131(\text{人})$$

(2)间隔不等的连续时点数列求序时平均数。

有些时点现象的量,不需要经常登记,只在它发生变动时,作变动记录即可。此时就要用每次资料不变的时间长度为权数进行加权平均。其计算公式为:

$$\bar{a}=\frac{\sum af}{\sum f}$$

式中:a——各时期发展水平;

f——各时间间隔长度。

[例 6—3] 某企业 2016 年 4 月份某种材料库存量资料见表 6—4,计算该企业 4 月份该种材料平均产品库存量。

表 6—4 **某企业 4 月份某材料库存量资料**

时　间	1～3 日	4～10 日	11～15 日	16～25 日	26～30 日
材料库存量(吨)	505	555	465	580	535

$$\bar{a}=\frac{\sum af}{\sum f}=\frac{505\times3+555\times7+465\times5+580\times10+535\times5}{3+7+5+10+5}$$

$$=540(\text{吨})$$

(3)间隔相等的间断时点数列求序时平均数。

这种数列的特点是每隔一定的时间登记一次,每次登记的时间间隔相等。下面以一个具体的例子来说明这种情况下序时平均数的计算。

[例 6—4] 某商场资料如表 6—5 所示,问该商场 2016 年第一季度平均售货员人数是多少?

表 6—5 **某商场 2016 年各月初售货员人数**

月　份	1	2	3	4	5	6	7
月初售货员人数(人)	75	81	101	87	93	99	85

求该商场 2016 年第一季度平均售货员人数,不能将 1～3 月的时点数直接用例 6—1 的方法计算,因为各月初人数并不能代表各月的人数,只有各月的平均人数才能代表各月人数。月

平均人数的计算方法是将本月初（即上月末）人数加本月末（即下月初）人数除以2求得，如：

1月份的平均人数＝(75＋81)÷2＝78(人)

2月份的平均人数：(81＋101)÷2＝91(人)

3月份的平均人数＝(101＋87)÷2＝94(人)

然后，将各月平均人数用例6—1的方法计算，才能得到正确的答案。所以，该商场2016年第一季度平均售货员人数为：

$$\bar{a}=\frac{\frac{75+81}{2}+\frac{81+101}{2}+\frac{101+87}{2}}{3}\approx 88(\text{人})$$

经过以上讨论，可以得出间隔相等的间断时点数列序时平均数的计算公式为：

$$\bar{a}=\frac{\frac{a_1}{2}+a_2+\cdots+a_{n-1}+\frac{a_n}{2}}{n-1}$$

式中，n 为时点数列项数。

这种方法也称作首末折半法，由于它便于应用，实际计算中主要采用这一形式。

(4)间隔不等的间断时点数列求序时平均数。

间隔不等的间断时点数列即登记时间间隔不相等，其序时平均数应以各相邻点之间所间隔的时间为权数，采用加权平均法进行计算，公式为：

$$\bar{a}=\frac{\frac{a_1+a_2}{2}\cdot f_1+\frac{a_2+a_3}{2}\cdot f_2+\cdots+\frac{a_{n-1}+a_n}{2}\cdot f_{n-1}}{f_1+f_2+\cdots+f_{n-1}}=\frac{\sum \overline{a_i} f_i}{\sum f_i}$$

式中：$\overline{a_i}$——各时点间隔期内的平均水平；

f_i——各时点的间隔长度。

［例6—5］ 例如，某企业某产品库存情况如表6—6所示，求2016年该企业该种产品全年平均库存量。

表6—6　　某企业某产品2016年库存情况

日期	1月1日	3月1日	7月1日	8月1日	10月1日	12月31日
库存量(件)	36	40	20	12	50	10

$$\bar{a}=\frac{\frac{a_1+a_2}{2}\cdot f_1+\frac{a_2+a_3}{2}\cdot f_2+\cdots+\frac{a_{n-1}+a_n}{2}\cdot f_{n-1}}{f_1+f_2+\cdots+f_{n-1}}$$

$$=\frac{\frac{36+40}{2}\times 2+\frac{40+20}{2}\times 4+\frac{20+12}{2}\times 1+\frac{12+50}{2}\times 2+\frac{50+10}{2}\times 3}{2+4+1+2+3}$$

$$=\frac{364}{12}\approx 30(\text{件})$$

根据间断时点数列计算序时平均数，是假定研究现象在相邻两个时点之间的变动是均匀的，实际上各种现象的变动一般是不均匀的。因此，用上述方法计算得到的序时平均数，只是一个近似值。时点数列的间隔越长，这种假定性越大，其准确性就越差。为了使计算结果尽可能反映实际情况，间断时点数列的间隔不宜过长。

(二)由相对指标动态数列或平均指标动态数列计算序时平均数

相对指标动态数列或平均指标动态数列是由具有互相联系的两个总量指标动态数列对比构成的。因此要先分别计算出这两个总量指标动态数列的序时平均数,然后进行对比,求得相对指标动态数列或平均指标动态数列序时平均数。其计算公式为:

$$\bar{c}=\frac{\bar{a}}{\bar{b}}$$

式中 $\bar{c}$——相对数或平均数动态数列序时平均数;

$\bar{a}$——分子的总量指标动态数列的序时平均数;

$\bar{b}$——分母的总量指标动态数列的序时平均数。

构成分子、分母的动态数列可以都是时期数列,也可以都是时点数列,也可以是一个时期数列、一个时点数列。现举其中一种情况说明其计算方法。

[例 6—6] 某商业企业第一季度销售额与月初商品库存额资料如表 6—7 所示,计算该商业企业第一季度月平均商品流转次数。

表 6—7 某商业企业第一季度销售额与月初商品库存额资料

月份	1月	2月	3月	4月
商品销售额(万元)	560	712	900	—
月初商品库存额(万元)	358	282	286	320
商品流转次数(次)	1.75	2.51	2.97	—

商品流转次数数列是相对数动态数列,由于其对比的基数不同,所以不能直接计算。我们可以看出它是一个时期数列(商品销售额)和一时点数列派生的序时平均数动态数列(月平均商品库存额数列)对比构成的动态数列。因此要先分别计算出月平均商品销售额和月平均商品库存额,然后将二者对比求得平均商品流转次数。其计算过程为:

$$\bar{c}=\frac{\bar{a}}{\bar{b}}=\frac{\dfrac{\sum a}{n}}{\dfrac{\dfrac{b_1}{2}+b_2+\cdots+b_{n-1}+\dfrac{b_n}{2}}{n-1}}=\frac{\dfrac{560+712+900}{3}}{\dfrac{\dfrac{358}{2}+282+286+\dfrac{320}{2}}{4-1}}=\frac{724}{302}=2.40(\text{次})$$

三、增长量

增长量是表明某种现象在一段时期内增长的绝对量,它等于报告期水平与基期水平之差。其计算公式为:

增长量=报告期水平-基期水平

增长量有正负之分,当报告期水平大于基期水平时,增长量为正值,表示现象的水平增加;当报告期水平小于基期水平时,增长量为负值,表示现象的水平减少。

按采用的基期不同,增长量可分为逐期增长量、累计增长量和年距增长量。

(一)逐期增长量

逐期增长量是报告期水平与前一期水平之差,即 a_n-a_{n-1},它说明报告期较其前期增长的绝对量。

(二)累计增长量

累计增长量是报告期水平与某一固定基期水平(通常是最初水平)之差,即 a_n-a_0,它说明报告期较某一固定基期增长的绝对量,也说明在某一段较长时期内总的增长量。

(三)逐期增长量和累计增长量之间的关系

这两种增长量虽然计算基期和它们说明的问题不同,但它们之间却存在一定的换算关系:同一动态数列各逐期增长量之和,等于相应的累计增长量;两个相邻累计增长量之差,等于相应的报告期的逐期增长量。即:

$$(a_1-a_0)+(a_2-a_1)+\cdots+(a_n-a_{n-1})=a_n-a_0$$

$$(a_n-a_0)-(a_{n-1}-a_0)=a_n-a_{n-1}$$

(四)年距增长量

年距增长量是报告年某月(季)水平与其上年同月(季)水平之差。对受季节影响较大的现象,使用年距增长量指标进行分析,可排除季节变动的影响。

四、平均增长量

平均增长量是指动态数列各逐期增长量的序时平均数,它表明某现象在一定时期内,单位时间平均增长的绝对量。其计算公式为:

$$\text{平均增长量}=\frac{\text{逐期增长量之和}}{\text{逐期增长量的个数}}=\frac{\text{累计增长量}}{\text{动态数列的项数}-1}$$

平均增长量也有正负之分,正值为平均增长量,负值为平均减少量。

[例6—7] 某地区某种经济作物产量相关资料如表6—8所示,计算该时期的平均增长量。

表6—8　　某地区某种经济作物近年产量资料　　单位:万吨

年　份	2010	2011	2012	2013	2014	2015	2016
发展水平:产量	30	32	31	34	36	37	36
增长量:逐期	—	2	−1	3	2	1	−1
累计	—	2	1	4	6	7	6

$$\begin{aligned}\text{平均增长量}&=\frac{\text{逐期增长量之和}}{\text{逐期增长量的个数}}\\&=\frac{2+(-1)+3+2+1+(-1)}{6}\\&=1(\text{万吨})\end{aligned}$$

$$\begin{aligned}\text{或平均增长量}&=\frac{\text{累计增长量}}{\text{动态数列的项数}-1}\\&=\frac{36-30}{7-1}=1(\text{万吨})\end{aligned}$$

第三节 动态数列的速度指标

一、发展速度和增长速度

(一)发展速度

发展速度是将现象的报告期水平除以基期水平求得的表明某种现象发展程度的相对指标。

$$发展速度=\frac{报告期水平}{基期水平}$$

发展速度通常用百分数表示,当比值较大时,也可用倍数和翻番数表示,它说明现象报告期水平为基期水平的百分之几或若干倍或翻几番。当它大于100%(或1)时,表明现象在增长;若小于100%(或1)时,表明现象在下降。

根据所采用的基期不同,发展速度可分为环比发展速度和定基发展速度。

1. 环比发展速度

环比发展速度是报告期水平与前一期水平之比,它表明报告期水平为前一期水平的百分之几或若干倍,从一个环比发展速度动态数列来说,它表现现象逐期的发展程度。环比发展速度可表示为:

$$\frac{a_1}{a_0},\frac{a_2}{a_1},\frac{a_3}{a_2},\cdots,\frac{a_n}{a_{n-1}}$$

2. 定基发展速度

定基发展速度是报告期水平与某一固定基期水平(通常是最初水平)之比,它表明报告期水平为某固定基期水平的百分之几或若干倍或翻几番,定基发展速度数列的各期数值,都分别说明现象在一较长时期内的总发展速度。定基发展速度可表示为:

$$\frac{a_1}{a_0},\frac{a_2}{a_0},\frac{a_3}{a_0},\cdots,\frac{a_n}{a_0}$$

3. 环比发展速度和定基发展速度的联系

上述两种发展速度计算基期和它们说明的问题不同,但这两种发展速度之间却存在一定的关系:同一动态数列各期环比发展速度的连乘积,等于其相应时期的定基发展速度;两个相邻定基发展速度之比,等于相应报告期的环比发展速度。

$$\frac{a_1}{a_0}\times\frac{a_2}{a_1}\times\frac{a_3}{a_2}\times\cdots\times\frac{a_n}{a_{n-1}}=\frac{a_n}{a_0}$$

$$\frac{a_n}{a_0}\div\frac{a_{n-1}}{a_0}=\frac{a_n}{a_{n-1}}$$

通过上述数量关系,环比发展速度和定基发展速度可以互相推算。

4. 年距发展速度

对于具有季节变化的一些社会经济现象,为了消除季节变动的影响,可以计算年距发展速度,用来说明本期发展水平相对于去年同期发展水平变化的方向与程度,它是实际统计分析中经常使用的指标。其计算公式为:

$$年距发展速度=\frac{本年某月(季)发展水平}{去年同月(季)发展水平}$$

（二）增长速度

增长速度是某种现象报告期的增长量与基期水平之比，表明该现象增长程度的相对指标。其计算公式是：

$$增长速度=\frac{报告期增长量}{基期水平}=\frac{报告期水平-基期水平}{基期水平}=\frac{报告期水平}{基期水平}-1$$

从上述公式可以看出增长速度与发展速度有着密切的关系，即：

$$增长速度=发展速度-1$$

增长速度有正负之分，当发展速度大于1时，增长速度为正值，表明现象的增长程度；当发展速度小于1时，增长速度为负值，表明现象的下降程度。

增长速度由于采用的基期不同，也可分为环比增长速度和定基增长速度。

1. 环比增长速度

环比增长速度是逐期增长量与前一期发展水平对比的结果，表示现象逐期增长的方向和程度。其计算公式为：

$$环比增长速度=\frac{逐期增长量}{前一期水平}=\frac{报告期水平-前一期水平}{前一期水平}=环比发展速度-1$$

2. 定基增长速度

定基增长速度是累计增长量与某一固定基期发展水平对比的结果，表示现象在较长时期内总的增长程度。其计算公式为：

$$定基增长速度=\frac{累计增长量}{某一固定基期水平}=\frac{报告期水平-某一固定基期水平}{某一固定基期水平}$$

$$=定基发展速度-1$$

所以，只要有环比和定基的发展速度，将之减1或减100%，即可得环比和定基的增长速度；相反，若知各期的环比和定基增长速度，分别将它们加1或加100%，即得环发展速度和定基发展速度。

必须指出，环比增长速度与定基增长速度无直接的换算关系。如果由一个环比增长速度数列求其定基增长速度数列，需先将各期环比增长速度换算成各期环比发展速度；再将它们连乘，得各期的定基发展速度；最后，将各期定基发展速度分别减1或减100%，即得各期的定基增长速度。相反，若知现象各期的定基增长速度，求各期的环比增长速度，也要经过一定的变换计算求得。

3. 年距增长速度

为消除季节变动的影响，还需要计算年距增长速度。年距增长速度是现象报告年某月（季）的年距增长量，与上年同月（季）现象的水平之比，或用年距发展速度减1或减100%求得。

$$年距增长速度=\frac{年距增长量}{去年同月(季)发展水平}=年距发展速度-1$$

为进一步对比分析现象的增长情况，需运用“增长1%的绝对值”指标。增长1%的绝对值计算公式为：

$$增长1\%的绝对值=\frac{逐期增长量}{环比增长速度\times100}=\frac{a_n-a_{n-1}}{\frac{a_n-a_{n-1}}{a_{n-1}}\times100}=\frac{a_{n-1}}{100}$$

因而，增长1%的绝对值等于前期水平除以100。

［例6—8］ 下面以我国某海关2010～2015年出口商品总额为例计算各种动态指标，如

表 6—9 所示。

表 6—9　　　　　　　　我国 2010～2015 年某海关出口商品总额

时间(年)		2010	2011	2012	2013	2014	2015
发展水平(万吨)		718.43	849.40	917.44	1 210.06	1 487.80	1 510.66
增长量(万吨)	逐期	—	130.97	68.04	292.62	277.74	22.86
	累计	—	130.97	199.01	491.63	769.37	792.23
发展速度(%)	环比	—	118.23	108.01	131.90	122.95	101.54
	定基	100.0	118.23	127.70	168.43	207.09	210.27
增长速度(%)	环比	—	18.23	8.01	31.90	22.95	1.54
	定基	—	18.23	27.70	68.43	7.09	10.27
增长 1%的绝对值		—	7.18	8.49	9.17	12.10	14.88

二、平均发展速度和平均增长速度

(一)平均发展速度和平均增长速度的概念

平均发展速度是某种现象各期环比发展速度的平均数,它表明该现象在一个较长时期内平均单位时间发展变化的程度。

平均增长速度是某种现象各期环比增长速度的平均数,它表明该现象在一个较长时期内平均单位时间增长的程度。平均增长速度虽是各期环比增长速度的平均数,但它不能直接由各期环比增长速度计算,而需要通过它与平均发展速度的关系求得。两者关系为:

平均增长速度＝平均发展速度－1(或 100%)

平均增长速度有正负之分,正值表示平均增长的程度,负值表示平均下降的程度,又称为平均递减速度。

平均发展速度与平均增长速度在实际工作中起着重要的作用。这两个指标是编制国民经济计划、进行国民经济宏观调控的重要指标;也经常用它们来比不同阶段、不同时期、不同国家或地区同类现象发展变化的情况;它们还可作为各种推算和预测的依据。

(二)平均发展速度的计算

根据环比发展速度的连乘积等于定基发展速度,当计算平均发展速度时,不能采用算术平均法,而应采用几何平均法。其计算公式为:

$$\bar{x}=\sqrt[n]{x_1\cdot x_2\cdot x_3\cdot\cdots\cdot x_n}=\sqrt[n]{\prod x_i}$$

式中:$\bar{x}$——平均发展速度;

　　x_i——第 i 年的环比发展速度;

　　$\prod$——连乘符号。

由于环比发展速度的连乘积等于相应的定基发展速度,因此平均发展速度的公式也可写成:

$$\bar{x}=\sqrt[n]{\frac{a_n}{a_0}}$$

因为$\frac{a_n}{a_0}$是现象的总发展速度,所以平均发展速度的公式又可写成:

$$\bar{x}=\sqrt[n]{R}$$

式中,R 为总发展速度。

由上面的公式计算平均发展速度时,可根据各时期的环比发展速度来计算,也可根据最初水平和最末水平来计算,还可根据总的发展速度来计算。

平均发展速度和平均增长速度一般可用百分数表示,但像人口平均出生率、死亡率等指标的分子明显小于分母,可采用千分数表示。

[例 6—9] 根据第五次、第六次人口普查资料,我国内地人口 2000 年普查时为126 583 万人,2010 年普查时为 133 972 万人,试求两次人口普查之间我国人口年平均增长速度。

$$\bar{x}=\sqrt[n]{\frac{a_n}{a_0}}=\sqrt[10]{\frac{133\ 972}{126\ 583}}=1.001\ 774\times100\%=100.177\ 4\%$$

年平均增长速度=(1.001 774−1)×1 000‰=17.74‰

[例 6—10] 如果以 2010 年人口普查数为基数,其后每年以 17.74‰的速度递增,到 2020 年我国内地人口将达到多少?

$a_n=a_0\cdot\bar{x}^n=133\ 972\times1.001\ 774^{10}=136\ 368$(万人)

即按 17.74‰的速度递增,到 2020 年 11 月 1 日我国内地人口将达到 13.636 8 亿人。

帮你学

增长速度=发展速度−1

环比增长速度=环比发展速度−1

定基增长速度=定基发展速度−1

平均增长速度=平均发展速度−1

第四节 动态数列趋势分析和预测

一、影响动态数列因素的分析

客观事物随着时间发展的变化,是受多种因素共同影响的结果。在诸多影响因素中,有的是长期起作用的,或对事物的变化发挥决定性作用的因素;有的只是短期起作用的,或者只是偶然发挥非决定性作用的因素。在分析时间序列的变动规律时,事实上不可能对每一个影响因素都划分开来,分别去作精确分析。但是我们可以将众多影响因素,按照对现象变化影响的类型,划分为若干种时间序列的构成要素,然后对这几类构成要素分别进行分析,以揭示时间数列的变动规律性。影响时间序列的构成要素通常可归纳为四种:长期趋势(Secular Trend)、季节变动(Seasonal Fluctuation)、循环变动(Cyclical Variation)、不规则变动(Irregular Variation)。

(一)长期趋势

长期趋势,是指某种现象在相当长的时期内所表现的沿着某一方向的持续发展变化。长期趋势可能呈现出不断增长或不断下降的趋势,也可表现为只围绕某一常数值而无明显增减变化的水平趋势。长期趋势是受某种固定的起根本性作用的因素影响的结果。例如中国改革开放以来经济持续增长,表现为国内生产总值逐年增长的态势。

(二)季节变动

季节变动是指某些社会经济现象由于季节更替、生产因素或自然因素的影响,而形成的有规则的周期性变动。如农副产品的产量都因季节更替而有淡旺季之分,气候的变化影响四季服装的销售量,这些变动都呈现出季节性的周期性变动。

(三)循环变动

循环变动指以若干年(或月、季)为一定周期的有一定规律性的周期波动。循环变动与季节变动不同,循环变动的周期长短很不一致,不像季节变动那样有明显的按月或按季的固定周期规律;循环变动没有固定的循环周期,其变动的周期较长,一般在数年以上,且各循环周期和幅度的规律性也较难把握,如农业收成的丰年和歉年、水果生产的大年小年现象等。

(四)不规则变动

不规则变动是指客观现象由于突发事件或偶然因素引起的无周期性的变动,也称偶然变动或随机变动,包括由突发的自然灾害、意外事故或重大政治事件所引起的剧烈变动。

这四种因素的变动构成了事物在一定时期内的变动,在对动态数列进行分析时,首先要明确这四种类型因素变动的构成形式,即它们是如何结合及相互作用的。把这些构成因素和动态数列的关系用一定的数学关系表示,就构成动态数列影响因素分解模型,一般常用的数学模型有乘法模型和加法模型。

乘法模型是假定四种因素存在着某种相互影响关系,互不独立。因此,动态数列各期发展水平是各个因素相乘之积,适用于动态相对指标总变动的计算。其计算公式为:

$$Y=T\cdot S\cdot C\cdot I$$

式中:Y——动态总变动;

T——长期趋势变动;

S——季节变动;

C——循环变动;

I——不规则变动。

加法模型假定四种变动因素是互相独立的,则动态数列各期发展水平是各个影响因素相加的总和,适用于动态问题指标总变动的计算。其计算公式为:

$$Y=T+S+C+I$$

二、长期趋势分析与预测

分析长期趋势的目的在于消除季节变动、循环变动和无规则变动等因素的影响,显示出现象发展变化的基本趋势,探讨现象发展变化的特点和规律,为统计预测、编制计划及指导工作提供依据。测定长期趋势的方法有很多,常用的有:时距扩大法、移动平均法、数学模型法等。下面将分别介绍这些方法的运用。

(一)时距扩大法

时距扩大法是将原来时距的动态数列加工整理为时距较长的动态数列,以消除原数列因时距过短受偶然因素所引起的波动。对原始动态数列通过扩大时距修匀,可以使现象的发展趋势和规律性明显表现出来。

[例 6—11] 某商业企业 2016 年销售资料如表 6—10 所示。

表 6—10 **某商业企业 2016 年销售资料** 单位:万元

月 份	1	2	3	4	5	6	7	8	9	10	11	12
销售额	80	85	78	76	86	87	86	82	87	84	90	96

从表 6—10 可以看出,由于该年某些月份销售受多种因素的影响,使商品销售额的发展趋势不够明显。如果将时距扩大为季度,则可编制新的动态数列,如表 6—11,就能明显地反映销售额不断增长的总趋势。

表 6—11 **某商业企业 2016 年销售资料** 单位:万元

季 度	一季度	二季度	三季度	四季度
商品销售额	243	249	255	270
月平均销售额	81	83	85	90

应用时距扩大法需要注意以下几个问题:

第一,扩大的时距多大为宜取决于现象自身的特点。对于呈周期波动的动态数列,扩大的时距应与波动的周期相吻合;对于一般的动态数列,则要逐步扩大时距,以能够显示趋势变动的方向为宜。

第二,扩大的时距要一致,相应的发展水平才具有可比性。

(二)移动平均法

移动平均法是扩大原动态数列的时间间隔,在原数列中按一定项数逐项移动计算序时平均数,这些序时平均数形成的新数列消除或削弱了原数列中的由于短期偶然因素引起的不规则变动和其他成分,对原数列的波动起到修匀的作用,从而呈现出现象在较长时期的发展趋势。下面以某旅行社 2016 年各月营业额的资料为例,说明移动平均法的具体应用。如表 6—12 所示。

表 6—12 **某旅行社 2016 年各月营业额移动平均** 单位:万元

月份	总产值	三项移动平均	四项移动平均	移正平均
1	51.0	—	—	—
2	40.0	48.4	49.8	—
3	54.2	49.4	52.8	51.3
4	54.0	57.0	59.5	56.2
5	62.8	61.2	62.3	60.9
6	66.8	65.0	66.0	64.2
7	65.4	67.0	69.2	67.6
8	68.8	70.0	70.4	69.8
9	75.8	72.1	72.0	71.2
10	71.7	73.0	74.5	73.3
11	71.5	74.0	—	—
12	78.8	—		—

表6－12包括奇数项、偶数项两种移动平均。奇数项移动平均求得的平均值，应对准所平均时期的中间数字，一次平均即可。例如，表6－12中三项移动平均栏的第一项为48.4[(50.1＋40.0＋54.2)/3]，与2月份的数字相对，其他的以此类推。

偶数项移动平均求得的平均数应位于所平均的中间两项之间。例如，表6－12中四项移动平均栏的第一项为49.8[(51.0＋40.0＋54.2＋54.0)/4]，应放在第二个月的数字与第三个月的数字之间，以下类同。这样组成的新数列中，每个值都错后半期，可采用修正办法将每个月偶数项计算出的移动平均数下移半期，或再进行一次两项移动平均，使之与具体的时间相对应(见表6－12中的移正平均)。

通过表6－12中的数据可以看出，该旅行社一年来营业额受一些因素影响有些波动，但通过移动平均，便能较明显地看出各月营业额变动的总趋势。

采用移动平均法所计算出的新数列比原动态数列的项数要少。一般来说，被平均的项数越多，修匀的作用就越大，所得的移动平均数就越少；反之，被平均的项数越少，修匀的作用就越小，所得的移动平均数就越多。所以，时距的选择要适中，否则不利于揭示现象的发展趋势。一般情况下，数列如果存在自然周期，应根据周期确定被平均的项数。

(三)数学模型法

数学模型法用适当的数学模型来反映动态数列各因素之间的关系，从而计算各期的趋势值。在测定长期趋势时，较广泛地使用这种方法。下面以直线趋势的模型为例来说明这种方法的具体应用。

如果动态数列逐期增长量相对稳定，即现象发展水平按相当固定的绝对速度变化时，则采用直线(线性函数)作为趋势线，来描述趋势变化，预测前景。

如以时间因素作为自变量(t)，把数列水平作为因变量(y)，拟合的直线趋势方程为

$$y_c = a + bt$$

求参数a，b常用平均法和最小平方法，这里只介绍最小平方法。

最小平方法，也叫最小二乘法，是分析和预测现象长期趋势常用的方法之一。它的基本原理是：通过处理原始数字，拟合一条比较理想的趋势直线或趋势曲线，使原数列各数据点与趋势线垂直距离的离差平方和最小，即$\sum(y-y_c)^2$为最小值。能够满足$\sum(y-y_c)^2$为最小值的直线趋势方程$y_c=a+bt$，其参数a，b可以通过求解下面的联立方程求得：

$$\begin{cases} \sum y = na + b\sum t \\ \sum ty = a\sum t + b\sum t^2 \end{cases}$$

解得：

$$a = \frac{\sum y}{n} - \frac{b\sum t}{n} = \bar{y} - b\bar{t}$$

$$b = \frac{\sum ty - \frac{1}{n}(\sum t)(\sum y)}{\sum t^2 - \frac{1}{n}(\sum t)^2}$$

为了简化计算，可令$\sum t=0$。其具体方法是：当动态数列的项数为奇数时，可取中间一项的时间序号等于零，中间以前的时间序号为负值，中间以后的时间序号为正值；当动态数列的项数为偶数时，中间以前的的时间序号为负值，中间以后的时间序号为正值。如数列有5项水

平，时间跨度从 2010 年至 2014 年，则 t 值分别为：

2010	2011	2012	2013	2014
−2	−1	0	1	2

当动态数列的项数为偶数时，中间以前的时间序号为负值，中间以后的时间序号为正值。如某数列有 6 项水平，时间跨度从 2010 年至 2015 年，则 t 值分别为：

2010	2011	2012	2013	2014	2015
−5	−3	−1	1	3	5

在以上两种场合，$\sum t=0$，所以，参数 a，b 可简化为：

$$\begin{cases} a=\dfrac{\sum y}{n} \\ b=\dfrac{\sum ty}{\sum t^2} \end{cases}$$

下面以某企业连续 6 年的销售量资料为例说明最小平方法的具体应用。

［例 6—12］ 某企业 2010～2015 年销售量资料如表 6—13 所示。

表 6—13　　某企业 2010～2015 年销售量资料

年　份	时间 t	销售量 y(万吨)	t^2	ty	y_c
2010	−5	50	25	−250	48.78
2011	−3	52	9	−156	53.40
2012	−1	58	1	−58	58.02
2013	1	62	1	62	62.64
2014	3	68	9	204	67.24
2015	5	72	25	360	71.88
合　计	0	362	70	162	361.96

将表中数字代入公式，可得：

$$a=\frac{\sum y}{n}=\frac{362}{6}=60.33$$

$$b=\frac{\sum ty}{\sum t^2}=\frac{162}{70}=2.31$$

则所得直线趋势方程为：

$y_c=a+bt=60.33+2.31t$

所以 2010 年的趋势值为：

$y_c=60.33+2.31\times(-5)=48.78$(万吨)。

以此类推。

若预测 2016 年的销售额，将 $t=7$ 代入方程，可得：

$y_c=60.33+2.31\times 7=76.5$(万吨)

三、季节变动的分析

(一)季节变动的概念

季节变动是指某些现象由于受自然因素和社会因素的影响，而形成的有规律的周期性变动。季节变动在现实生活中经常会遇到，如商业活动中的销售旺季和销售淡季，再如，每年寒暑假期间总是客运量的高峰期，每年端午节前后糯米的销量最大，中秋节前后月饼的销量最多。此外，在其他行业如建筑业、货运业等，也都存在不同程度的季节变动。

季节变动不仅仅是指承受一年中四季而变动，而是泛指有规律的、按一定周期(年、季、月、周、日)重复出现的变化。季节变动的原因通常与自然条件有关，同时也可能是由于生产条件、节假日、风俗习惯等社会经济因素所致。季节变动常会给人们的社会经济生活带来某种影响，如会影响某些商品的生产、销售与库存。

我们测定季节变动的意义主要在于认识规律、分析过去、预测未来。同时，为了加强计划性、克服盲目性、更好地组织生产和安排人们生活，也需要研究和掌握有关现象的季节变动规律。

(二)季节变动的测定

测定季节变动的主要方法是通过计算季节比率来反映季节变动的程度。它是现象各月(季)的发展水平与全期的平均发展水平对比，得到的一种相对数。季节比率高说明“旺季”，反之说明“淡季”。

计算季节比率最常用、最简便的方法是按月(季)平均法。这种方法是通过对若干年资料的数据，求出同月份的平均水平与全数列总平均月份水平，然后对比得出各月份各季节比率。其计算公式为：

$$\text{季节比率}=\frac{\text{同月份平均水平}}{\text{总平均月份水平}}\times 100\%$$

为了比较准确地观察季节变动情况，避免个别年份的资料受偶然因素影响过大，季节比率指标一般用三年以上各月或各季度的完整资料来计算。现举例说明季节比率的应用。

[例 6－13]　某旅行社近四年各月收入资料如表 6－14 所示。

表 6－14　某旅行社收入资料　单位：万元

年 月	2013	2014	2015	2016	四年合计 Σ	同月平均 Σ/4	季节比率 %
(1)	(2)	(3)	(4)	(5)	(6)	(7)	(8)
1	40	43	44	55	182	45.5	74.1
2	50	52	64	72	238	59.5	96.9
3	41	45	58	62	206	51.5	83.9
4	39	41	56	60	196	49.0	79.8
5	45	48	67	70	230	57.5	93.6
6	53	65	74	86	278	69.5	113.2
7	68	79	84	98	329	82.3	134.0
8	73	86	95	108	362	90.5	147.4
9	50	64	76	87	277	69.3	112.9
10	48	60	68	78	254	63.5	103.4
11	43	45	56	63	207	51.8	84.4
12	38	41	52	58	189	47.3	77.0
合计	588	669	794	897	2 948	737.2	1 200.6
平均	49.0	55.8	66.2	74.8	245.7	61.4	100.1

第一步，计算同月份平均水平。

$$1月份平均数=\frac{40+43+44+55}{4}=45.5(万元)$$

其余见表6—14第7列。

第二步，求总平均月份水平。

$$总平均月份水平=\frac{2\,948}{48}=61.4(万元)$$

$$或\quad 总平均月份水平=\frac{737.2}{12}=61.4(万元)$$

$$或\quad 总平均月份水平=\frac{245.7}{4}=61.4(万元)$$

第三步，计算季节比率

$$1月份季节比率=\frac{45.5}{61.4}=74.1\%$$

其余参见表6—13中的第8列。

第四步，用季节比率预测。为了预测以后各年不同月(或季)的发展趋势，通常假定按过去资料测定的季节变动模型能适用于未来。因此，按月(或季)平均预测法的计算公式为：

各月(或季)预测值=上年各月(或季)的平均水平×各月(或季)的季节比率

如对2017年收入进行预测：

5月份的收入=74.8×93.6%=70.0(万元)

7月份的收入=74.8×134.0%=100.2(万元)

通过上面计算的由各月份季节比率组成的数列，可以看出旅行社收入的季节变动趋势，自1月份以后，各月份季节比率逐月增长，8月份达到最高峰，9月份开始下降，到12月份降到最低点。

按月平均法计算简便，容易掌握。但季节比率的计算不够精确，究其原因，一是它不考虑长期趋势的影响；二是季节比率的高低受各年数值大小影响，数值大的年份对季节比率影响较大，数值小的年份对季节比率的影响较小。

本章小结

1.动态数列的意义和种类。把反映某种现象的同一指标，在不同时间上的指标数值，按时间(年、季、月、日等)先后顺序编排所形成的数列，称为动态数列或时间数列，又称时间序列。它可以分为绝对数动态数列、相对指标动态数列和平均数动态数列三种。

2.动态数列的编制原则：总体范围应该一致；指标的内容应相同；时期数列的时期长短应该一致，时期数列和时点数列的间隔力求一致；指标的计算方法、计算价格和计量单位应一致。

3.常用的动态分析指标：

(1)发展水平，就是动态数列中的各项指标数值，反映现象在一定时期内或时点上所达到的规模或水平。

(2)平均发展水平，是指将一个动态数列各期发展水平加以平均而得的平均数，又称为序时平均数或动态平均数。

(3)增长量，是表明某种现象在一段时期内增长的绝对量，它等于报告期水平与基期水平之差。根据比较基期的不同,增长量可以分为累计增长量、逐期增长量和年距增长量。增长量有正有负,正值表明增加,负值则表明减少。

(4)平均增长量,是指动态数列各逐期增长量的序时平均数。

(5)发展速度,是将现象的报告期水平除以基期水平得到的。由于采用的基期不同,发展速度可以分为环比发展速度和定基发展速度两种。

(6)增长速度,是将现象报告期的增长量除以基期水平而求得的。增长速度同样由于比较的基期不同,分为环比增长速度和定基增长速度。

(7)平均发展速度,是现象各期环比发展速度的平均数,它表明现象在一个较长时期内平均单位时间发展变化的程度。

(8)平均增长速度,是现象各期环比增长速度的平均数,它表明现象在一个较长时期内平均单位时间增长的程度。

技能训练

一、单项选择题

1.时间序列与变量数列(　　)。

A. 都是根据时间顺序排列的

B. 都是根据变量值大小排列的

C. 前者是根据时间顺序排列的,后者是根据变量值大小排列的

D、前者是根据变量值大小排列的,后者是根据时间顺序排列的

2.时间序列中,数值大小与时间长短有直接关系的是(　　)。

A. 平均数时间序列　　B. 时期序列　　C. 时点序列　　D. 相对数时间序列

3.发展速度属于(　　)。

A. 比例相对数　　B. 比较相对数　　C. 动态相对数　　D. 强度相对数

4.计算发展速度的分母是(　　)。

A. 报告期水平　　B. 基期水平　　C. 实际水平　　D. 计划水平

5.某车间月初工人人数资料如下:

月份	1	2	3	4	5	6	7
月初人数(人)	280	284	280	300	302	304	320

则该车间上半年的平均人数约为(　　)。

A. 296 人　　B. 292 人　　C. 295 人　　D. 300 人

6.某地区某年 9 月末的人口数为 150 万人,10 月末的人口数为 150.2 万人,该地区 10 月的人口平均数为(　　)。

A. 150 万人　　B. 150.2 万人　　C. 150.1 万人　　D. 无法确定

7.由一个 9 项的时间序列可以计算的环比发展速度有(　　)个。

A. 8　　B. 9　　C. 10　　D. 7

8.采用几何平均法计算平均发展速度的依据是(　　)。

A. 各年环比发展速度之积等于总速度　　B. 各年环比发展速度之和等于总速度

C. 各年环比增长速度之积等于总速度　　D. 各年环比增长速度之和等于总速度

9.某企业的科技投入 2009 年比 2005 年增长了 58.6%,则该企业 2006~2009 年间科技投入的平均发展速度为(　　)。

A. $\sqrt[5]{58.6\%}$　B. $\sqrt[5]{158.6\%}$　C. $\sqrt[6]{58.6\%}$　D. $\sqrt[6]{158.6\%}$

10.根据牧区每个月初的牲畜存栏数计算全牧区半年的牲畜平均存栏数，采用的公式是（　　）。

A. 简单平均法　B. 几何平均法　C. 加权序时平均法　D. 首末折半法

二、多项选择题

1.对于时间序列，下列说法正确的有（　　）。

A. 序列是按数值大小顺序排列的

B. 序列是按时间顺序排列的

C. 序列中的数值都有可加性

D. 序列是进行动态分析的基础

E. 编制时应注意数值间的可比性

2.时点序列的特点有（　　）。

A. 数值大小与间隔长短有关

B. 数值大小与间隔长短无关

C. 数值相加有实际意义

D. 数值相加没有实际意义

E. 数值是连续登记得到的

3.下列说法正确的有（　　）。

A. 平均增长速度大于平均发展速度

B. 平均增长速度小于平均发展速度

C. 平均增长速度＝平均发展速度－1

D. 平均发展速度＝平均增长速度－1

E. 平均发展速度×平均增长速度＝1

4.下列计算增长速度的公式正确的有（　　）。

A. 增长速度$=\frac{\text{增长量}}{\text{基期水平}}\times 100\%$

B. 增长速度$=\frac{\text{增长量}}{\text{报告期水平}}\times 100\%$

C. 增长速度＝发展速度－100%

D. 增长速度$=\frac{\text{报告期水平}-\text{基期水平}}{\text{基期水平}}\times 100\%$

E. 增长速度$=\frac{\text{报告期水平}}{\text{基期水平}}\times 100\%$

5.采用几何平均法计算平均发展速度的公式有（　　）。

A. $\bar{x}=n\sqrt{\frac{a_1}{a_0}\times\frac{a_2}{a_1}\times\frac{a_3}{a_2}\times\cdots\times\frac{a_n}{a_{n-1}}}$

B. $\bar{x}=n\sqrt{\frac{a_n}{a_0}}$

C. $\bar{x}=n\sqrt{\frac{a_n}{a_1}}$

D. $\bar{x}=n\sqrt{R}$

E. $\bar{x}=\frac{\sum x}{n}$

6.某公司连续五年的销售额资料如下：

时间	第一年	第二年	第三年	第四年	第五年
销售额（万元）	1 000	1 100	1 300	1 350	1 400

根据上述资料计算的下列数据正确的有（　　）。

A. 第二年的环比增长速度＝定基增长速度＝10%

B. 第三年的累计增长量＝逐期增长量＝200 万元

C. 第四年的定基发展速度为 135%

D. 第五年增长 1%的绝对值为 14 万元

E. 第五年增长 1%的绝对值为 13.5 万元

7.下列关系正确的有（　　）。

A. 环比发展速度的连乘积等于相应的定基发展速度

B. 定基发展速度的连乘积等于相应的环比发展速度

C. 环比增长速度的连乘积等于相应的定基增长速度

D. 环比发展速度的连乘积等于相应的定基增长速度

E. 平均增长速度＝平均发展速度－1

8.测定长期趋势的方法主要有(　　)。

A. 时距扩大法　　B. 方程法　　C. 最小平方法　　D. 移动平均法

E. 几何平均法

9.关于季节变动的测定,下列说法正确的有(　　)。

A. 目的在于掌握事物变动的季节周期性

B. 常用的方法是按月(季)平均法

C. 需要计算季节比率

D. 按月计算的季节比率之和应等于 400%

E、季节比率越大,说明事物的变动越处于淡季

10.时间序列的可比性原则主要指(　　)。

A. 时间长度要一致　　B. 经济内容要一致

C. 计算方法要一致　　D. 总体范围要一致

E. 计算价格和单位要一致

三、判断题(把"√"或"×"填在题后的括号里)

1.在各种动态数列中,指标值的大小都受到指标所反映的时期长短的制约。(　　)

2.发展水平就是动态数列中的每一项具体指标数值,它只能表现为绝对数。(　　)

3.若将某城市 2010～2015 年年末工业企业固定资产净值按时间先后顺序排列,此种动态数列称为时点数列。(　　)

4.序时平均数与一般平均数完全相同,因为它们都是将各个变量值的差异抽象化。(　　)

5.若环比增长速度每年相等,则其逐期增长量也每年相等。(　　)

6.由间隔时点数列计算序时平均数,是假定现象的动态变化过程为均匀变动。(　　)

四、思考题

1.编制时间序列应注意哪些问题?

2.简述时点序列和时期序列的特点。

3.根据所学的动态分析方法,举例说明时间序列有哪些用途。

4.简述计算动态平均数所使用的计算方法。

5.季节变动的测定常用什么方法? 简述其基本原理。

五、业务题

1.某银行 2016 年部分月份的现金库存额资料如下:

日期	1月1日	2月1日	3月1日	4月1日	5月1日	6月1日	7月1日
库存额(万元)	5 000	4 800	4 500	5 200	5 500	6 000	5 800

要求:(1)具体说明这个时间序列属于哪一种时间序列。

(2)分别计算该银行 2016 年第一季度、第二季度和上半年的平均现金库存额。

2.某单位上半年职工人数统计资料如下:

时间	1月1日	2月1日	4月1日	6月30日
人数(人)	1 002	1 050	1 020	1 008

要求：(1)计算第一季度平均人数；(2)计算上半年平均人数。

3.某企业2016年上半年的产量和单位成本资料如下：

月份	1	2	3	4	5	6
产量(件)	2 000	3 000	4 000	3 000	4 000	5 000
单位成本(元)	73	72	71	73	69	68

试计算该企业2016年上半年的产品平均单位成本。

4.某地区2011～2015年国民生产总值数据如下：

年份		2011	2012	2013	2014	2015
国民生产总值(亿元)		40.9		68.5	58	
发展速度(%)	环比	—				
	定基	—				151.34
增长速度(%)	环比	—	10.3			
	定基	—				

要求：(1)计算并填列表中所缺数字。

(2)计算该地区2011～2015年间的平均国民生产总值。

(3)计算2012～2015年间国民生产总值的平均发展速度和平均增长速度。

5.根据下列资料计算某地区第四季度在业人口数占劳动力资源人口的平均比重。

日期	9月30日	10月31日	11月30日	12月31日
在业人口(万人)a	280	285	280	270
劳动力资源人口(万人)b	680	685	684	686

6.某企业第四季度总产值和劳动生产率资料如下：

月份	10	11	12
工业总产值(万元)a	150	168	159.9
劳动生产率(元)b	7 500	8 000	7 800

要求：(1)计算该企业第四季度的月平均劳动生产率。

(2)计算该企业第四季度劳动生产率。

7.某公司2006～2016年的产品销售数据如下(单位：万元)：

年份	2006	2007	2008	2009	2010	2011
销售额	80	83	87	89	95	101
年份	2012	2013	2014	2015	2016	
销售额	107	115	125	134	146	

要求：应用最小平方法配合趋势直线，并计算各年的趋势值。

8.某市某产品连续四年各季度的出口额资料如下(单位：万元)：

季　度	一	二	三	四
第一年	16	2	4	51
第二年	28	4.3	6.7	77.5
第三年	45	7.1	14.2	105
第四年	50	5.1	16.8	114

要求：计算该市该产品出口额的季节比率，并对其季节变动情况做简要分析。

第七章 统计指数

【学习目标】

1. 了解指数的基本概念和基本原理；
2. 掌握平均指数的编制原理及应用；
3. 掌握总目标两种形式的编制方法；
4. 掌握运用指数体系进行两因素分析。

【案例引导】

一天，正在大二学习的李一宁拿着一道财务分析题请教学长，内容涉及企业总成本变动分析，学长看了看说，这需要用指数分析法来分析，李一宁诧异地说："老师提示我们用连环替代法解决！"学长笑着说："财会分析中，企业总成本的变动分析所采用的实质上就是统计指数分析法，指数分析法是社会经济统计学的基本分析方法之一，在实践中应用非常广泛，我们在日常生活中最熟悉的物价指数与股价指数也是统计指数法的具体应用，指数分析广泛应用于测定现象综合数量变动方向与程度，应用于经济现象的变动因素分析。"

通过本章的学习，相信大家会对上面的对话有更深的认识！

第一节 统计指数概述

指数(index number)是反映事物数量相对变化程度的一类重要指标。从统计学的角度看，指数就是代表所关心的变量的一些统计量。我们生活中的许多重要领域都能看到指数的身影，如经济领域中的物价指数，衡量气象对人类或动物情绪、行为和生理影响的生物气象指数，天文学家衡量星体颜色和温度的颜色指数，研究温度和湿度对人体舒适度影响的温度、湿度指数，重要的经济媒体几乎天天报道的纳斯达克指数、东京日经指数、伦敦金融时报指数、道—琼斯指数、香港恒生指数、上证指数和深圳成分指数等。

一、统计指数的概念与作用

(一)统计指数的概念

统计指数产生于18世纪后半期,在两百多年左右的历史中,指数的运用在发展,指数的理论在发展,关于指数的概念也在发展。

指数的编制是从物价的变动当中产生的。18世纪中叶,由于金银大量流入欧洲,引起欧洲的物价飞涨,导致社会动荡不安,于是人们希望可以有某种方法收集某些数据来反映物价的变动,这就是物价指数产生的根源。有些指数,如消费者价格指数、生活费用价格指数,同人们的日常生活息息相关。

指数的含义有广义和狭义两种。广义的指数指所有的相对数,即反映简单现象总体或复杂现象总体数量变动的相对数,如各国经济发展速度。狭义指数仅指反映不能直接相加的复杂社会经济现象在数量上综合变动情况的相对数。例如,要说明我国大米这种商品价格的综合变动情况,而各种大米的经济用途、产地、口感、营养价值都不同,不能直接将各种大米的价格简单对比,要解决这种复杂的问题,就要编制统计指数综合反映它们的变动情况。一般来说,统计指数具有综合性、相对性和平均性的特征,即统计指数主要是用来反映和研究多种因素构成的事物的总体变动;统计指数所表明的事物的变动是相对变动。统计中的指数,主要指这种狭义的指数。

通过对指数概念的了解,我们可以总结出指数具有如下性质:

(1)指数是一个比较值,主要用于说明事物之间的比较,如动态比较、空间比较以及计划完成状况比较。

(2)指数是一个综合值,它比较的不是单一的数值,而是总体的综合数值,这就是指数与相对数的不同点。如某地区购买力下降5%,不是指对某一种商品的购买力下降了5%,而是对该地区而言,对所有可能产生消费行为的购买能力总体下降了5%。

(3)指数是一个平均数。指数是对多种事物综合比较的值,这里的综合,内含平均之意。

(4)指数是一个代表值。如物价指数不是全社会所有商品的总变动程度的测定,而是部分代表性商品的物价的综合变动。

(二)统计指数的作用

1. 综合反映社会经济现象总变动方向及变动程度

这是指数的主要作用。指数一般都是用百分比表示相对指标,这个百分比大于或小于100%,表示上升或下降变动的方向。例如,消费者价格指数为107%,表明消费者购买商品和获得服务项目的价格有涨有落,总的来说,涨了7%。

2. 分析多因素影响现象的总变动中,各因素的影响大小和影响程度

利用指数体系理论可以测定复杂社会经济现象总变动中,各构成因素的变动对现象总变动的影响情况,并对经济现象变化作综合评价。任何一个复杂现象都是由多个因子构成的,如商场销售额变动受销售量和销售价格两个因素的影响:

销售额=价格×销售量

这种影响可以从相对数和绝对数两方面分析,分析因素的影响方向和影响程度。

3. 研究事物在长时间内的变动趋势

由连续编制的动态数列形成的指数体系可反映事物的发展变化趋势。如根据2007～2015年共9年的零售商品价格资料,编制8个环比价格指数,从而构成价格指数数列。这样,

就可以揭示价格的变动趋势，研究物价变动对经济建设和人民生活水平的影响程度。

4. 是企业经营管理分析的重要工具之一

指数被广泛地用于分析销售额的变动情况、总成本的变动情况、总工资的变动情况、产品结构变动对单位成本的影响和人员结构变动对平均工资的影响等，为企业经营管理决策提供了可靠的依据。

二、统计指数的分类

（一）按所反映对象的范围不同，分为个体指数和总指数

1. 个体指数

个体指数是反映单一现象变动情况的相对数，如某种商品销售量指数、个别商品的价格指数、单个产品的成本指数等。

2. 总指数

总指数是反映由多个单一现象构成的繁杂现象的变动情况的相对数，如工业生产指数、商品零售价格指数、社会商品零售量指数、居民消费价格指数等。

（二）按其计算形式不同，分为综合指数和平均指数

1. 综合指数

综合指数是两个总量指标对比以综合反映复杂现象总变动的指数。

2. 平均指数

平均指数是以个体指数为基础采用平均数形式编制的总指数。

（三）按统计指标的特征不同，分为数量指数、质量指数和价格指数

1. 数量指数

数量指数是用来反映社会经济现象的数量或规模变动方向和程度的指数，如职工人数指数、产品产量指数、商品销售量指数等。

2. 质量指数

质量指数是用以反映社会经济现象质量、内涵变动情况的指数，如成本指数、物价指数、劳动生产率指数等。

（四）按反映的时态状况不同，分为动态指数和静态指数

1. 动态指数

动态指数是表明某种事物在不同时间上发展变化的指数，如股票价格指数、商品零售价格指数、农副产品产量指数等。

2. 静态指数

静态指数是反映某种事物在同时期不同空间对比情况的指数，如计划完成情况指数、地区经济综合评价指数等。

第二节　综合指数

综合指数是总指数的基本形式，它的重要意义在于，它能最完美地显示出所研究现象的经济内容。综合指数有两种：数量指标综合指数和质量指标综合指数。

一、数量指标综合指数

数量指标综合指数是说明总体规模变动情况的相对指标指数，如商品销售量指数、工业产品生产量指数等。

(一)数量指标综合指数公式的建立

下面用商品价格指数为例来说明质量指标综合指数的编制方法。

[例7—1] 假设某超市销售三种商品，基期和报告期的销售量和价格资料如表7—1所示。

表7—1　某超市三种商品基期和报告期的销售量与价格资料

商品	计量单位	基期销售量 q_0	报告期销售量 q_1	基期价格 p_0	报告期价格 p_1
猪肉	千克	50	62.5	20	14
袜子	双	75	90	10	8
鸡蛋	千克	100	115	5	5
合计	—	—	—	—	—

要求：计算产品产量总指数，反映三种产品产量综合变动情况及其产量变动对产值的影响。

由于各种产品价格不同，将它们的产量直接相加后进行综合对比没有经济意义。为了解决这一问题，在编制总指数时，需要引入同度量因素，使总体内不能同度量的指标过渡为同度量。所谓同度量因素，就是在综合指数编制中，将不能直接相加的因素转化为能够直接相加的量的媒介因素。同度量因素在综合指数的编制中主要起着过渡或媒介作用。就产品产量指数而言，必须以产品出厂价作为同度量因素，则：

销售量×销售价格＝销售额

把不同产品销售量转化为销售额，这样就可以加总了，然而销售变动除受销售量变动影响外，还受出销售价格变动的影响。要单纯反映产品销售量的变动，就要将销售价格固定，以排除销售价格变动的影响，即假定两个时期的产品销售量都是按同一时期销售价格计算的产值。用公式表示为：

$$\overline{k_q}=\frac{\sum q_1 p}{\sum q_0 p}$$

其中：q——物量(生产量、销售量)；

p——同一时期商品价格；

下标1——报告期；

下标0——基期；

$\overline{k}$——销售量总指数。

用 k 代表个体指数，如果计算商品销售量的个体指数，可得：

猪肉 $k_q=\frac{q_1}{q_0}=\frac{62.5}{50}=125\%$

袜子 $k_q=\frac{q_1}{q_0}=\frac{90}{75}=120\%$

鸡蛋 $k_q=\frac{q_1}{q_0}=\frac{115}{100}=115\%$

计算结果表明：猪肉商品销售量增加了25%，袜子商品销售量增加了20%，鸡蛋商品销售量增加了15%。

商品销售量指数并非某种具体商品的个体指数，而是反映多种商品销售量的总指数，在编制数量指标总体指数中要注意两个问题：

(1)各种商品的度量单位不同，它们的产品销售量不能直接相加。

(2)同度量因素(价格)用哪一时期的，是报告期，基期，还是另一种价格？使用不同时期的价格会得到不同的结果，因而产生了采用不同的同度量因素的各种指数公式。关于这点，统计学界主要有两种主张：其一是将同度量因素固定在基期，这是由德国经济学家蒂思·拉斯贝尔在1864年提出的，由此得出的指数公式被称为拉斯贝尔指数公式(拉氏指数)。其二是将同度量因素固定在报告期，这是由德国经济学家哈曼·帕舍尔在1874年提出的，由此得出的指数公式被称为帕舍尔指数公式(帕氏指数)。

现分别按不同时期的价格为同度量因素逐一列出商品销售量的指数公式。

(二)用基期价格(p_0)作为同度量因素的综合指数

$$\overline{k_p}=\frac{\sum q_1p_0}{\sum q_0p_0} \tag{7.1}$$

将例7－1中的资料代入上式，得该超市销售量总指数为：

$$\overline{k_p}=\frac{\sum q_1p_0}{\sum q_0p_0}=\frac{62.5\times20+90\times10+115\times5}{50\times20+75\times10+100\times5}=\frac{2\ 725}{2\ 250}=121.11\%$$

$$\sum p_0q_1-\sum p_0q_0=2\ 725-2\ 250=475(\text{元})$$

计算结果表明，商品销售量总指数为121.11%。式(7.1)称为拉斯贝尔数量指数公式，其分子是以基期的销售价为同度量系数的，所以说在价格水平保持不变的情况下，该指数只反映销售量本身的变动，而不反映销售价格的变动。即商品销售量增长了21.11%，它的变动使商品销售额增加了21.11%。分子与分母之差为475元，也说明了销售量的变动对销售额绝对值的影响。

(三)用报告期价格(p_1)作为同度量因素的综合指数

$$\overline{k_p}=\frac{\sum q_1p_1}{\sum q_0p_1} \tag{7.2}$$

将例7－1中资料代入式(7.2)，得该超市销售量总指数为：

$$\overline{k_p}=\frac{\sum q_1p_1}{\sum q_0p_1}=\frac{62.5\times14+90\times8+115\times5}{50\times14+75\times8+100\times5}=\frac{2\ 170}{1\ 800}=120.56\%$$

$$\sum q_1p_1-\sum q_0p_1=2\ 170-1\ 800=370(\text{元})$$

计算结果，商品销售量总指数为120.56%。式(7.2)为帕舍尔数量指数公式，其分子是报告期的销售额，分母是基期销售量按报告期销售价计算的替代销售额，旨在说明在价格保持不变的条件下，销售量对销售额的影响程度，即表明由于销售量增加了20.56%，使销售额增加了370元。

实际编制销售量总指数，究竟采用哪一个价格作为同度量因素，要根据不同的研究对象、目的以及资料取得的难易程度来选用相应的计算公式，并根据具体情况进行某些修正，使得到的指数合乎客观实际。在实际工作中，通常采用式(7.1)来测定物价的综合变动。

二、质量指标综合指数

质量指标综合指数是说明总体内涵质量变动情况的比较指标指数，如工资水平指数、成本指数、股票价格指数等。

(一)质量指标综合指数公式的建立

在上述编制数量指标指数的过程中，是把质量指标(价格)作为同度量因素固定在某一个时期上的。同样，在编制质量指标指数的过程中，应采用相应的数量指标(销售量)作为同度量因素固定在某一个时期上。用公式表示为：

$$\overline{k_p}=\frac{\sum p_1 q}{\sum p_0 q}$$

(二)以基期销售量(q_0)作为同度量因素的物价总指数

$$\overline{k_p}=\frac{\sum p_1 q_0}{\sum p_0 q_0} \tag{7.3}$$

沿用例 7—1，计算商品价格的个体指数，可得：

猪肉 $k_p=\frac{p_1}{p_0}=\frac{14}{20}=70\%$

袜子 $k_p=\frac{p_1}{p_0}=\frac{8}{10}=80\%$

鸡蛋 $k_p=\frac{p_1}{p_0}=\frac{5}{5}=100\%$

计算结果表明：猪肉价格降低 30%，袜子价格降低 20%，鸡蛋价格保持不变。

将例 7—1 中资料代入式(7.3)中，得该超市物价总指数为：

$$\overline{k_p}=\frac{\sum p_1 q_0}{\sum p_0 q_0}=\frac{14\times 50+8\times 75+5\times 100}{20\times 50+10\times 75+5\times 100}=\frac{1\ 800}{2\ 250}=80\%$$

$$\sum p_1 q_0-\sum p_0 q_0=1\ 800-2\ 250=-450(\text{元})$$

式(7.3)称为拉斯贝尔物价指数公式，其分子是按基期销售量乘报告期销售价计算的替代销售额，分母是基期的销售额，两者对比说明销售价格变动对销售额的影响程度。即商品价格下降 20%，使得商品销售额也下降 20%。不同时期销售额相减说明由于销售价格本身变动对销售额的影响的绝对数是 450 元。

(三)用报告期销售量(q_1)作为同度量因素的综合指数

$$\overline{k_p}=\frac{\sum p_1 q_1}{\sum p_0 q_1} \tag{7.4}$$

将例 7—1 中资料代入式(7.4)中，得该超市物价总指数为：

$$\overline{k_p}=\frac{\sum p_1 q_1}{\sum p_0 q_1}=\frac{14\times 62.5+8\times 90+5\times 115}{20\times 62.5+10\times 90+5\times 115}=\frac{2\ 170}{2\ 725}=79.63\%$$

$$\sum p_1 q_1-\sum p_0 q_1=2\ 170-2\ 725=-555(\text{元})$$

式(7.4)称为派舍尔物价指数公式，其分子是报告期的销售额，分母是以报告期销售量按基期价格计算的替代销售额，目的在于说明在销售量不变的情况下，销售价格水平的变动方向和变动程度。即商品价格下降 20.37%，使得商品销售额也下降 20.37%。不同时期销售额相减说明，由于销售价格本身变动对销售额的影响的绝对数是 555 元。

需要说明的是：以上销售额指标是由销售价格和销售量两个因素构成的，要计算其中一个因素的报告期相对于基期的变动程度（即这个因素的指数），便要把另一个因素固定起来。同理，当一个总量指标是由三个因素构成，在运用综合指数法计算其中一个因素的指数时，就要把其他因素都作为同度量因素固定起来，以反映要考察的那个因素报告期相对于基期的变动程度。

三、综合指数的特点

从数量指数来看，通过同度量因素 p 把因计量单位不同而不能直接加总的各项数量指标转化为可以直接加总的价值指标值，并把同度量因素 p 固定在基期或报告期，使相互可比的两个价值指标值只反映各项数量指标值的综合变化；从其质量指数来看，以直接加总的价值指标值 q 把因计量单位不同而不能直接加总的各项质量指标值转化为可以直接加总的价值指标值，并把同度量因素 q 固定在基期或报告期，使相互可比的两个价值指标值只反映各项质量指标值的综合变化。由此可见，加权综合指数这种通过同度量因素实现“先综合、后对比”的编制方法，解决了指数计算中的可加性和可比性问题。

帮你学

编制数量指标指数是以基期的质量指标作为同度量因素的，编制质量指标指数则是以报告期的数量指标作为同度量因素的。因此，我们可以用六个字来概括综合指数的编制：“数量基质量报”。

第三节　平均指数

综合指数是编制总指数的基本形式，它反映了被研究现象总体动态变化的客观实际内容。平均指数是总指数的一种重要形式，也是综合指数的变形形式。

平均数指数有两种表现形式：一种是加权算术平均数指数，另一种是加权调和平均数指数。

一、平均指数的基本形式

(一)加权算术平均数指数

加权算术平均法是以个体指数为变量值、以一定时期的总值资料为权数，对个体指数加权算术平均以计算总指数的方法。一般情况下，数量指标指数可以变形为加权算术平均指数形式，见下列各公式的演变。

1. 数量指标指数

$$\overline{k_q}=\frac{\sum kp_0q_0}{\sum p_0q_0}=\frac{\sum \frac{q_1}{q_0}\times p_0q_0}{\sum p_0q_0}=\frac{\sum p_0q_1}{\sum p_0q_0} \tag{7.5}$$

其中，k 为个体指数。

以 p_0q_0 为权数，个体数量指标指数的加权算术平均数等于数量指标总体指数。

［例 7—2］ 利用表 7—2 的资料计算销售总指数。

表 7—2　　某超市三种商品基期和报告期的销售量与其他资料

商品	计量单位	基期销售量 q_0	报告期销售量 q_1	基期价格 p_0	$k_q=\frac{q_1}{q_0}$	p_0q_0
猪肉	千克	50	62.5	20	125	1 000
袜子	双	75	90	10	120	750
鸡蛋	千克	100	115	5	115	500
合计	—	—	—	—	—	—

利用式(7.5)计算销售总指数为：

$$\overline{k_q}=\frac{\sum kp_0q_0}{\sum p_0q_0}=\frac{1.25\times50\times20+75\times10\times1.2+100\times5\times1.15}{50\times20+75\times10+100\times5}$$

$$=\frac{2\ 725}{2\ 250}=121.11\%$$

$$\sum k_qp_0q_0-\sum p_0q_0=2\ 725-2\ 250=475(\text{元})$$

这个计算结果同用公式(7.1)计算的结果完全相同，由此可见，当编制指数时只掌握个体指数和基期资料，运用算术平均数公式编制总指数比较方便。

2. 质量指标指数

$$\overline{k_p}=\frac{\sum kp_0q_0}{\sum p_0q_1}=\frac{\sum\frac{p_1}{p_0}\times p_0q_1}{\sum p_0q_1}=\frac{\sum p_1q_1}{\sum p_0q_1}\tag{7.6}$$

以 p_0q_1 为权数，个体质量指标指数的加权算术平均数等于质量指标总体指数。

p_0q_1 是较难得的资料，计算单位成本总指数时，p_0q_1 是由企业计算出来上报的，只有较健全的成本会计资料的国有大中型企业才能有这个资料，但一般有齐全资料的企业不用此法，而是直接用综合指数形式进行计算。

［例 7—3］ 某粮油商店 2014 年和 2015 年三种商品的零售价格和销售量资料如表7—3 所示。试分别以基期销售量和零售价格为权数，计算三种商品的价格综合指数和销售量综合指数。

表 7—3　　某粮油商店三种商品的价格和销售量

商品名称	计量单位	销售量		单价(元)	
		2014	2015	2014	2015
黑米	千克	1 200	1 500	3.6	4.0
饺子粉	千克	1 500	2 000	2.3	2.4
大豆油	千克	500	600	9.8	10.6

解：

加权综合指数计算表

商品名称	计量单位	销售量		单价(元)		销售额			
		2014 q_0	2015 q_1	2014 p_0	2015 p_1	2014 p_0q_0	2015 p_1q_1	p_0q_1	p_1q_0
黑米	千克	1 200	1 500	3.6	4.0	4 320	6 000	5 400	4 800
饺子粉	千克	1 500	2 000	2.3	2.4	3 450	4 800	4 600	3 600
大豆油	千克	500	600	9.7	10.6	4 900	6 360	5 880	5 300
合计	—	—	—	—	—	12 670	17 160	15 880	13 700

基期价格综合指数为：

$$\overline{k_p}=\frac{\sum p_1q_0}{\sum p_0q_0}=\frac{13\ 700}{12\ 670}=108.73\%$$

基期销售量综合指数为：

$$\overline{k_q}=\frac{\sum p_0q_1}{\sum p_0q_0}=\frac{15\ 880}{12\ 670}=125.34\%$$

结论：与 2014 年相比，三种商品的零售价格平均上涨了 8.73%，销售量平均上涨了 25.34%。

报告期价格综合指数为：

$$\overline{k_p}=\frac{\sum p_1q_1}{\sum p_0q_1}=\frac{17\ 160}{15\ 880}=108.06\%$$

报告期销售量综合指数为：

$$\overline{k_q}=\frac{\sum p_1q_1}{\sum p_1q_0}=\frac{17\ 160}{13\ 700}=125.26\%$$

$$\overline{k_q}=\frac{\sum p_1q_1}{\sum p_1q_0}=\frac{17\ 160}{13\ 700}=125.26\%$$

结论：与 2014 年相比，三种商品的零售价格平均上涨了 8.06%，销售量平均上涨了 25.26%。

(二)加权调和平均法

加权调和平均指数是个体指数的加权调和平均数。一般情况下，质量指标指数可以变形为加权调和平均指数形式。

1. 数量指标指数

$$\overline{k_q}=\frac{\sum p_0q_1}{\sum \frac{1}{k_q}p_0q_1}=\frac{\sum p_0q_1}{\sum \frac{q_0}{p_1}p_0q_1}=\frac{\sum p_0q_1}{\sum p_0q_0} \tag{7.7}$$

以 p_0q_1 为权数，个体指数为倒数的加权调和平均数等于综合指数。

2. 质量指标指数

$$\overline{k_p}=\frac{\sum p_1q_1}{\sum \frac{1}{k_p}p_1q_1}=\frac{\sum p_1q_1}{\sum \frac{p_0}{p_1}p_1q_1}=\frac{\sum p_1q_1}{\sum p_0q_1} \tag{7.8}$$

以 p_1q_1 为权数，个体指数为倒数的加权调和平均数等于综合指数。

[例 7—4] 某家商场销售三种商品的资料如表 7—4 所示，计算价格指数。

表 7—4

商品名称	计量单位	销售量		价格(元)		p_0q_0	p_1q_1	p_0q_1	p_1q_0
		q_0	q_1	p_0	p_1				
内衣	件	480	600	25	25	12 000	15 000	15 000	12 000
钥匙扣	件	500	600	40	36	20 000	21 600	24 000	18 000
大米	袋	200	180	50	70	10 000	12 600	9 000	14 000
合计	—	—	—	—	—	42 000	49 200	48 000	44 000

根据表 7—4 资料计算价格指数，如表 7—5 所示。

表 7—5

商品名称	商品价格个体指数 $k_p=\frac{p_1}{p_0}$	报告期商品销售额 p_1q_1
内衣	1.0	15 000
钥匙扣	0.9	21 600
大米	1.4	12 600
合计	—	49 200

$$\overline{k_p}=\frac{\sum p_1q_1}{\sum \frac{1}{k_p}p_1q_1}=\frac{\sum p_1q_1}{\sum \frac{p_0}{p_1}p_1q_1}=\frac{\sum p_1q_1}{\sum p_0q_1}$$

$$=\frac{49\ 200}{1\times 15\ 000\times\frac{1}{0.9}\times 216\ 000\times\frac{1}{1.4}\times 12\ 600}=\frac{49\ 200}{48\ 000}=102.5\%$$

$$\sum p_1q_1-\sum\frac{1}{k_p}p_1q_1=49\ 200-48\ 000=1\ 200(\text{元})$$

利用调和平均数指数公式计算的价格指数，与运用综合指数公式计算的价值指数，在经济内容和实际意义上是一样的。

[例 7—5] 按表 7—6 的资料计算调和平均数指数。

表 7—6　　某超市三种商品平均数指数计算

商品	计量单位	p_0	p_1	$k_p=\frac{p_1}{p_0}$	p_1q_1
黑米	千克	20	14	70	875
袜子	套	10	8	80	720
毛巾	条	5	5	100	575
合计	—	—	—	—	2 170

$$\overline{k_p}=\frac{\sum p_1q_1}{\sum \frac{1}{k_p}p_1q_1}=\frac{2\ 170}{\frac{1}{0.7}\times 875+\frac{1}{0.8}\times 720+\frac{1}{1.0}\times 575}=79.63\%$$

(三)固定权数加权平均法

在上述平均指数公式中，当权数不是综合指数中的 p_0q_0，而是某种固定权数 w 时，称为固定权数的加权平均法。我国的商品零售物价指数、农副产品收购价格指数、国外的消费品价格指数和工业产量指数，都是采用这种方法计算的。

固定权数平均数指数一般可分为物价指数和物量指数，其计算公式分别为：

$$\overline{k_p}=\sum\frac{p_1}{p_0}\frac{w}{\sum w}=\sum k\frac{w}{\sum w} \tag{7.9}$$

$$\overline{k_q}=\sum\frac{q_1}{q_0}\frac{w}{\sum w}=\sum k\frac{w}{\sum w} \tag{7.10}$$

其中，$w=\frac{p_0q_0}{\sum p_0q_0}$。

二、统计指数法应用实例

在我国统计实践中，重要的统计指数有如下几种，每种指数都能为我们的现实工作提高很多帮助。

(一)工业生产指数

工业生产指数是综合反映一个国家或地区主要工业产品产量变动程度和发展状况的主要指标，一般采用个体物量指标的加权算术平均方法来计算。其中，权数是基期各工业部门的增加值。计算公式为：

$$\overline{k_q}=\sum(\frac{q_1}{q_0})\frac{p_0q_0}{\sum p_0q_0} \tag{7.11}$$

[例 7—6] 某西方国家某年工业指数计算如表 7—7 所示：

表 7—7 某国某年工业指数

工业部门	代表产品数	部门权数(万分比)	2015 年指数	指数×权数
(甲)	(乙)	(1)	(2)	(3)=(1)×(2)
化工业	20	289.9	128.7	37 310.13
矿业	11	94.8	82.7	7 839.96
汽车制造业	446	9 628.8	128.8	1 240 189.44
合计	477	10 013.5	—	1 285 339.53

$$\text{工业生产指数}=\frac{\sum kw}{\sum w}=\frac{1\ 285\ 339.53\%}{10\ 013.5}=128.36\%$$

在实际应用中，有的国家以各工业部门增加值占全部工业增加值的比重为权数计算工业生产指数。例如，某年美国工业生产指数所用的权数是：化工业 8.69%，矿业 9.36%，汽车制造业 89.95%。

(二)居民消费价格指数

居民消费价格指数是反映居民支付所购买商品和获得服务项目的价格变动趋势和程度的

相对数。

编制居民消费价格指数，对于观察居民生活消费平及服务项目价格的变动对城乡居民生活的影响，对于各级部门掌握居民消费价格变动情况、研究并制定居民消费价格政策、工资政策，以及测定通货膨胀等，具有重要的现实意义。

居民消费价格指数由居民用于日常生活消费的全部商品和服务项目构成。从消费渠道来讲，它既包括城乡居民从商场、超市等场所购买的商品，也包括城乡居民从餐饮行业购买的商品。具体包括食品、衣着、家庭设备等。

居民消费价格指数是目前世界各国普遍编制的一种指数。

(三)股票价格指数

股票价格指数是综合反映整个股票市场价格变动的基本趋势的指标，被称为市场经济的“晴雨表”。在股价指数的编制方法中，综合指数是一种重要编制方法，其公式为：

$$\overline{k_q}=\frac{\text{本日样本股票市价总值}}{\text{基期样本股票市价总值}}\times 100\%=\frac{\sum p_1q_0}{\sum p_0q_0}\times 100\%$$

其中：p_1——本日样本股票的收盘价

p_0——基期样本股票的收盘价

q_0——基期样本股票的发行股数

股票价格指数一般由证券交易所、金融服务机构、咨询研究机构或者新闻单位编制和发布。

帮你学

1. 加权算术平均数指数是数量指标指数的变形，权数是基期的总量指标；加权调和平均指数是质量指标的变形，权数是报告期的总量指标。因此，平均指数的编制可总结为十个字：“算术用数基，调和用质报”。

2. 综合指数的特点是先综合，后对比；平均指数的特点是先对比，后平均。

第四节　指数体系和因素分析

一、指数体系的概念

在实际中，为了更深入研究社会经济相互关系的现象，除了确定单个指数的计算方法，更重要的是确定几个指数组成的指数体系。

指数体系是指相互联系且在数值上具有一定数量对等关系的一系列指数所形成的体系。例如，销售额指数体系由销售额指数、销售量指数和价格指数构成。

指数间的这种数量对等关系最典型的表现形式是：一个总变动指数等于若干个(两个或两个以上)因素变动指数的乘积。例如，销售额指数＝销售量指数×价格指数，生产费用指数＝产量指数×单位产品成本指数

显然，这些指数体系是建立在有关指标的经济联系的基础之上的，因而它们具有实际的经济分析意义。

[例 7—7]　某地 2015 年社会商品零售总额为 5 700 万元，比上年增长 21.2%，如扣除物价因素比上年增长 10.2%，求物价指数并说明由于物价上涨当地居民多支付的货币额。

$$\bar{k}_p=\frac{\bar{k}_{pq}}{\bar{k}_q}=\frac{121.2\%}{110.2\%}=109.98\%$$

$$\sum p_1q_1-\sum q_1p_0=\sum p_1q_1-\frac{\sum p_1q_1}{\bar{k}_p}=5\ 700-\frac{5\ 700}{109.98\%}=517.24$$

在编制指数体系时，应遵循的原则为：在编制质量指标指数时，要以报告期数量指标为同度量因素（权数）；编制数量指标指数时，应以基期质量指标为同度量因素（权数）。

二、因素分析

因素分析是借助指数体系来分析社会经济现象变动中各种因素变动发生作用的影响程度。

1. 因素分析法的基本要点

（1）正确根据现象之间客观的内在联系确定指数体系。

（2）在测定复杂现象总变动中某一个因素的变动影响时，必须把其他因素固定下来，假定其不变。

（3）因素的排列，一般按照数量指标在前、质量指标在后的顺序排列。

2. 因素分析法的基本步骤

（1）计算总变动指数，测定其变动的程度和变动的绝对额。

（2）分别计算各构成因素指数，测定它们各自对总变动指数的影响影响程度和影响绝对额。

（3）利用指数体系从相对数和绝对数两方面对各影响因素进行综合分析。

3. 因素分析法的种类

（1）按照被分析指标的性质不同，分为总量指标的因素分析、相对指标的因素分析和平均指标的因素分析。

（2）按照分析指标所包含的因素多少，分为两因素分析和多因素分析。

三、总量指标的因素分析

（一）两因素分析

在指标体系中，若某个总量指标是两个因素指标的乘积，则可以根据指标关系来构造指数体系，它是总量指标因素分析法的基础。

以销售额为例，商品销售额是总量指标，它包含价格和销售量两个因素。对销售额的变动进行因素分析就是要测定价格、销售量这两个因素各自对销售额变动的影响程度和影响的绝对量。

1. 个体指标的两因素分析

（1）销售额指数 $\overline{k_{pq}}=\frac{\sum p_1q_1}{\sum p_0q_0}$

变动的绝对额 $=\sum p_1q_0-\sum p_0q_0$

（2）销售量的变动 $\overline{k_q}=\frac{\sum p_1q_1}{\sum p_0q_1}$

由于销售量的变动引起的销售额的变动$=\sum p_1q_1-\sum p_0q_1$

(3)价格的变动 $\dfrac{\sum p_1q_1}{\sum p_0q_0}=\dfrac{\sum p_0q_1}{\sum p_0q_0}\times\dfrac{\sum p_1q_1}{\sum p_0q_1}$

由于价格的变动引起的销售额的变动$=\sum p_1q_1-\sum p_0q_0=(\sum p_0q_1-\sum p_0q_0)+(\sum p_1q_1-\sum p_0q_1)$

[例 7—8] 承例 7—4,利用指数体系分析价格和销售量变动对销售额的影响。

$$销售总指标=\frac{\sum p_1q_1}{\sum p_0q_0}=\frac{49\ 200}{42\ 000}=117.14\%$$

$$销售量指数=\frac{\sum p_0q_1}{\sum p_0q_0}=\frac{48\ 000}{42\ 000}=114.29\%$$

$$销售价格指数=\frac{\sum p_1q_1}{\sum p_0q_1}=\frac{49\ 200}{48\ 000}=102.5\%$$

相对数分析:117.14%=114.29%×102.5%

绝对数分析:(49 200−42 000)=(48 000−42 000)+(49 200−48 000)

7 200=6 000+1 200

分析数字表明:销售额上升 17.14%(增加 7 200 元),是由于销售量上升了 14.29%(影响销售额增加 6 000 元)和销售价格上升 2.5%(影响销售额增加 1 200 元)共同作用的结果。

上面介绍的因素分析法就是一般常用的指数体系分析法,在这种分析中,要从相对数和绝对数两个方面分析两个因素的变化方向和变动程度。

2. 总体指标的两因素分析

$$\frac{\sum p_1q_1}{\sum p_0q_1}=\frac{\sum p_1q_0}{\sum p_0q_0}\times\frac{\sum p_1q_1}{\sum p_1q_0}$$

仍用例 7—8 说明:

$$\frac{49\ 200}{42\ 000}=\frac{44\ 000}{42\ 000}\times\frac{49\ 200}{44\ 000}$$

117.14%=104.76%×111.82%

7 200=2 000+5 200

(二)多因素分析

根据分析研究问题的需要,还可建立多个因素指数组成的指数体系,对总量变动进行多因素分析。

例如,分析工业总产值的变动,可按全部职工人数、工人占全部职工人数的比重、与工人劳动生产率三个因素的组合进行三因素分析。这样,总产值就可以分解为全部职工人数、工人占全部职工人数的比重和工人劳动生产率三个指数的连乘积。

$$\sum 工业总产值=\sum 全部职工人数\times 工人占全部职工人数比重\times 工人劳动生产率$$

[例 7—9] 某企业总产值及各构成因素资料如表 7—8 所示,试对总产值的变动做多因素指数分析。

表 7—8　　　　某企业总产值及构成因素

项目	符号	2014 年	2015 年
职工人数(人)	a	950	1 000
技术工人占职工人数的比重(%)	b	80	86
工人劳动生产率(万元/人)	c	1.2	1.5
总产值(万元)	abc	912	1 290

(1)计算总变动指数,测定现象总体变动的程度和绝对额。

总产值指数$=\bar{k}_{abc}=\dfrac{a_1b_1c_1}{a_0b_0c_o}=\dfrac{1\ 290}{912}=141.45\%$

总产值变动的绝对额$=a_1b_1c_1-a_0b_0c_0=1\ 290-912=378$(万元)

(2)分别计算各因素的变动影响程度及其对总产值影响的绝对额。

职工人数指数 $\bar{k}_a=\dfrac{a_1b_0c_0}{a_0b_0c_0}=\dfrac{1\ 000\times0.8\times1.2}{912}=\dfrac{960}{912}=105.26\%$

职工人数变动对总产值影响的绝对额$=a_1b_0c_0-a_0b_0c_0=960-912=48$(万元)

技术工人数站职工人数的比重指数 $\bar{k}_b=\dfrac{a_1b_1c_0}{a_1b_0c_0}=\dfrac{100\times0.86\times1.2}{960}=\dfrac{1\ 032}{960}=107.50\%$

技术工人数占职工人数比重变动对总产值影响的绝对额$=a_1b_1c_0-a_1b_0c_0=1\ 032-960$
$=72$

工人劳动生产率指数 $\bar{k}_c=\dfrac{a_1b_1c_1}{a_1b_1c_0}=\dfrac{1290}{1032}=125.00\%$

工人劳动生产率的变动对总产值影响的绝对额$=a_1b_1c_1-a_1b_1c_o=1\ 290-1\ 032=258$(万元)

利用指数体系对各影响因素,从相对数和绝对数两方面进行综合分析。

相对数分析体系:$\bar{k}_{abc}=\bar{k}_a\times\bar{k}_b\times\bar{k}_c$

$141.45\%=105.26\%\times107.5\%\times125.00\%$

绝对数分析体系:378 万元=48 万元+258 万元

分析表明,该企业 2015 年总产值比 2014 年增长了 41.45%,增长总额为 378 万元,是三个因素共同影响的结果。其中因职工人数变动导致总产值增加了 48 万元,因生产工人数所占比重变化导致使总产值增加了 72 万元,因工人劳动生产率的提高,总产值增加 258 万元。

四、平均指标变动的因素分析

统计中把经济内容相同的不同时期的平均指标数值进行对比,用来反映现象在不同时期一般水平的变动程度。这种由两个平均指标对比而形成的相对数,就称为平均指标指数。

平均指标指数可用计算公式表示:

$$\text{平均数变动指标}=\frac{\bar{x}_1}{\bar{x}_0}=\frac{\sum x_1f_1}{\sum f_1}\Big/\frac{\sum x_0f_0}{\sum f_0} \tag{7.13}$$

式中:x——各组变量值;

$\dfrac{f}{\sum f_1}$——各组的权数,表现的是总体单位数结构。

(一)固定构成指数

影响平均数的一个因素是变量值,为了测定它的变动,可以计算固定构成指数。这种把总体的结构因素固定不变来测定组平均数的变动程度的指数就叫作固定构成指数。其编制方法与质量指标指数相同,公式如下:

$$\text{固定构成指数}=\frac{\sum x_1f_1}{\sum f_1}\Big/\frac{\sum x_0f_1}{\sum f_0} \tag{7.14}$$

(二)结构影响指数

从式(7.14)可知,影响平均数的另一个因素是总体单位数结构。这种把各组平均水平因素固定不变来测定总体结构变动程度的指数就叫作结构影响指数。其编制方法同数量指标指数的方法相同,公式如下:

$$\text{结构影响指数}=\frac{\sum x_0f_1}{\sum f_1}\Big/\frac{\sum x_0f_0}{\sum f_0} \tag{7.15}$$

根据三者之间的联系,可看出三个指数的数量对比关系具有密切的联系,它们组成了平均指数的指数体系。

平均数变动指数=固定构成指数×结构影响指数

$$\frac{\sum x_1f_1}{\sum f_1}\Big/\frac{\sum x_0f_0}{\sum f_0}=\left\{\frac{\sum x_1f_1}{\sum f_1}\Big/\frac{\sum x_0f_1}{\sum f_1}\right\}\times\left\{=\frac{\sum x_0f_1}{\sum f_1}\Big/\frac{\sum x_0f_0}{\sum f_0}\right\} \tag{7.16}$$

从绝对水平看,

$$\frac{\sum x_1f_1}{\sum f_1}-\frac{\sum x_0f_0}{\sum f_0}=\left\{\frac{\sum x_1f_1}{\sum f_1}-\frac{\sum x_0f_1}{\sum f_1}\right\}+\left\{\frac{\sum x_0f_1}{\sum f_1}-\frac{\sum x_0f_0}{\sum f_0}\right\} \tag{7.17}$$

[例 7—10] 表 7—9 是某地区粮食作物的生产情况,试分析该地区三种农作物中的平均亩产量变动及原因。

表 7—9　　某地区三种农作物的生产情况

粮食作物	播种面积(公顷)		产量(kg/公顷)	
	2015 年(f_0)	2016 年(f_1)	2015 年(x_0)	2016 年(x_1)
A	2 000	1 000	200	200
B	2 200	2 000	300	315
C	4 000	4 600	400	440

根据式(7.13),计算该地区三种作物总平均单位面积产量指数为:

$$\frac{\sum x_1f_1}{\sum f_1}\Big/\frac{\sum x_0f_0}{\sum f_0}=\frac{2\ 854\ 000}{7\ 600}\Big/\frac{2\ 660\ 000}{8\ 200}=115.8\%$$

根据式(7.14),计算出固定构成指数为:

$$\frac{\sum x_1f_1}{\sum f_1}\Big/\frac{\sum x_0f_1}{\sum f_0}=\frac{2\ 854\ 000}{7\ 600}\Big/\frac{2\ 640\ 000}{7\ 600}=\frac{375.5}{347.4}=108.09\%$$

根据上面计算的结果,固定构成指数 108.09% 即各种作物单位面积产量平均上升 8.09%。从而使总平均单位面积产量增长 8.09%。

分别观察 A、B、C 三种作物的单位面积产量,A 不增不减,B 增加 5%,C 上升 10%。三种作物单位面积产量平均增长 8.09%，未超出最低限和最高限的范围。

根据式(7.15)，可得结构影响指数为：

$$\frac{\sum x_0 f_1}{\sum f_1} \Big/ \frac{\sum x_0 f_0}{\sum f_0} = \frac{2\ 640\ 000}{7\ 600} \Big/ \frac{2\ 660\ 000}{8\ 200} = \frac{347.4}{324.4} = 107.09\%$$

这个平均数指数所反映的是播种面积构成变动，以及这种变动引起的全部粮食作物总平均单位面积产量的变动。由于播种面积构成发生了变化，致使总平均单位面积产量上升了 7.09%。

三者之间的相对数关系为 115.8%＝108.09%×107.09%。

从绝对水平看，该地区三种作物总平均单位面积产量变动额为：

$$\frac{\sum x_1 f_1}{\sum f_1} - \frac{\sum x_0 f_0}{\sum f_0} = 375.5 - 324.4 = 51.1$$

因为各种粮食作物单位面积产量和播种面积构成均有变动，致使粮食作物总平均单位面积产量报告期比基期增加了 51.1 千克。

$$\frac{\sum x_1 f_1}{\sum f_1} - \frac{\sum x_0 f_1}{\sum f_1} = 375.5 - 347.4 = 28.1$$

计算结果表明：由于各种作物单位面积产量变动，使总平均单位面积产量增加了 28.1 千克。

$$\frac{\sum x_0 f_1}{\sum f_1} - \frac{\sum x_0 f_0}{\sum f_0} = 347.4 - 324.4 = 23$$

因为播种面积结构变化，使得全部粮食作物总平均单位面积产量增加了 23 千克。

三者之间的绝对数关系为 51.1＝28.1＋23。

本章小结

1. 广义的指数指所有的相对数，即反映简单现象总体或复杂现象总体数量变动的相对数。狭义指数仅指反映不能直接相加的复杂社会经济现象在数量上综合变动情况的相对数。统计中的指数，主要指这种狭义的指数。

2. 统计指数的作用

(1)综合反映社会经济现象总变动方向及变动程度；(2)分析多因素影响现象的总变动中，各因素的影响大小和影响程度；(3)研究事物在长时间内的变动趋势；(4)是企业经营管理分析的重要工具之一。

2. 统计指数的分类

按所反映对象的范围不同，分为个体指数和总指数；按其计算形式不同，分为综合指数、平均指数；按统计指标的特征不同，分为数量指数、质量指数和价格指数；按反映的时态状况不同，分为动态指数和静态指数。

3. 总指数有两种计算形式：综合指数和平均指数。

4. 指数体系是指相互联系且在数值上具有一定数量对等关系的一系列指数所形成的体系。因素分析是借助指数体系来分析社会经济现象变动中各种因素变动发生作用的影响程度。

技能训练

一、单项选择题

1. 在编制综合指数时，要求指数中分子和分母的权数必须是（　　）。

A. 同一时期的　　B. 不同时期的　　C. 基期的　　D. 报告期的

2. 设 p 为商品价格，q 为销售量，则指数的实际意义是综合反映（　　）。

A. 商品销售额的变动程度

B. 商品价格变动对销售额的影响程度

C. 商品销售量变动对销售额的影响程度

D. 商品价格和销售量变动对销售额的影响程度

3. 某企业A产品产量今年为去年的110.5%，这是（　　）。

A. 数量指标个体指数　　B. 质量指标个体指数

C. 数量指标总指数　　D. 质量指标总指数

4. 下列指数中，（　　）为拉氏数量指数公式。

A. $\dfrac{\sum p_1q_1}{\sum p_1q_0}$　　B. $\dfrac{\sum p_1q_0}{\sum p_0q_0}$　　C. $\dfrac{\sum p_0q_1}{\sum p_0q_0}$　　D. $\dfrac{\sum p_1q_1}{\sum p_0q_0}$

5. 在指数体系中，总量指数与各因素指数之间的数量关系是（　　）。

A. 总量指数等于各因素指数之和　　B. 总量指数等于各因素指数之差

C. 总量指数等于各因素指数之积　　D. 总量指数等于各因素指数之商

6. 某百货公司今年与去年相比，所有商品的价格平均提高了10%，销售量平均下降了10%，则商品销售额（　　）。

A. 上升　　B. 下降

C. 保持不变　　D. 可能上升也可能下降

7. 某商场今年与去年相比，销售量增长了15%，价格增长了10%，则销售额增长了（　　）。

A. 4.8%　　B. 26.5%　　C. 1.5%　　D. 4.5%

8. 以下属于质量指标指数的是（　　）。

A. 销售额指数　　B. 销售量指数　　C. 销售价格指数　　D. 工人人数指数

9. 综合指数是总指数的（　　）。

A. 唯一形式　　B. 基本形式　　C. 变通形式　　D. 简单加总

10. 价格上涨后，同样多的人民币报告期所购买商品的数量比基期少5%，因此价格上涨了（　　）。

A. 5%　　B. 5.26%　　C. 95%　　D. 105.26%

11. 按说明对象的数量特征不同，总指数分为（　　）。

A. 综合指数和平均指数　　B. 个体指数和总指数

C. 质量指标指数和数量指标指数　　D. 加权算术平均指数和调和平均指数

12. 某公司所属三个企业生产同一产品，要计算该公司该产品产量的发展速度，三个企业的产品产量（　　）。

A. 能够直接加总

B. 不能直接加总

C. 必须用不变价格做同度量因素才能加总

D. 必须用现行价格做同度量因素才能加总

13. 按照个体指数和报告期销售额计算的价格指数是（　　）。

A. 综合指数　　B. 加权调和平均指数　　C. 总平均数指数　　D. 加权算术平均指数

14. 欲使数量指标的算术平均指数成为数量指标综合指数的变形，其权数必须是(　　)。

A. p_0q_0　　B. p_1q_1　　C. p_0q_1　　D. w

15. 本年同上年相比，商品销售量上涨12%，而各种商品的价格平均下跌了1.7%，则商品销售额(　　)。

A. 上升13.7%　　B. 下降13.7%　　C. 上升10.1%　　D. 下降10.1%

16.统计指数按其反映的对象范围不同分为(　　)。

A. 简单指数和加权指数　　B. 综合指数和平均指数

C. 个体指数和总指数　　D. 数量指标指数和质量指标指数

17.总指数编制的两种形式是(　　)。

A. 算术平均指数和调和平均指数　　B. 个体指数和综合指数

C. 综合指数和平均指数　　D. 定基指数和环比指数

18.综合指数是一种(　　)。

A. 简单指数　　B. 加权指数　　C. 个体指数　　D. 平均指数

19.某市居民以相同的人民币在物价上涨后少购商品15%，则物价指数为(　　)。

A. 17.6%　　B. 85%　　C. 115%　　D. 117.6%

20. 在掌握基期产值和各种产品产量个体指数资料的条件下，计算产量总指数要采用(　　)。

A. 综合指数　　B. 可变构成指数

C. 加权算术平均数指数　　D. 加权调和平均数指数

21. 在由三个指数组成的指数体系中，两个因素指数的同度量因素通常(　　)。

A. 都固定在基期　　B. 都固定在报告期

C. 一个固定在基期，另一个固定在报告期　　D. 采用基期和报告期的平均数

22. 某商店报告期与基期相比，商品销售额增长6.5%，商品销售量增长6.5%，则商品价格(　　)。

A. 增长13%　　B. 增长6.5%　　C. 增长1%　　D. 不增不减

23. 指数按所反映的对象范围不同，可分为(　　)。

A. 定基指数和环比指数　　B. 数量指标指数和质量指标指数

C. 个体指数和总指数　　D. 综合指数和平均指数

24. 某公司三个企业生产同一种产品，由于各企业成本降低使公司平均成本降低15%，由于各种产品产量的比重变化使公司平均成本提高10%，则该公司平均成本报告期比基期降低(　　)。

A. 5.0%　　B. 6.5%　　C. 22.7%　　D. 33.3%

25. 某商店2016年1月份微波炉的销售价格是350元，6月份的价格是342元，指数为97.71%，该指数是(　　)。

A. 综合指数　　B. 平均指数　　C. 总指数　　D. 个体指数

26. 编制数量指标指数一般是采用(　　)作同度量因素。

A. 基期质量指标　　B. 报告期质量指标　　C. 基期数量指标　　D. 报告期数量指标

27. 编制质量指标指数一般是采用(　　)作同度量因素。

A. 基期质量指标　　B. 报告期质量指标　　C. 基期数量指标　　D. 报告期数量指标

28. 广义的指数是指(　　)。

A. 价格变动的相对数　　B. 物量变动的相对数

C. 表明社会经济现象数量变动的相对数　　D. 简单现象总体数量变动的相对数

29. 数量指标指数和质量指标指数的划分依据是(　　)。

A. 性质不同　　B. 反映的对象范围不同

C. 比较的现象特征不同　　D. 编制指数的方法不同

30. 某市2011年社会商业零售额为12 000万元，2015年增至15 600万元，这4年物价上涨了4%，则商业零售量指数为(　　)。

A. 减少了0.62%　　B. 减少了5.15%　　C. 增加了12.9%　　D. 增加了1.75%

二、多项选择题

1.指数的作用包括(　　)。

A. 综合反映事物的变动方向　　B. 综合反映事物的变动程度

C. 利用指数可以进行因素分析　　D. 研究事物在长时间内的变动趋势

E. 反映社会经济现象的一般水平

2.拉斯贝尔综合指数的基本公式有(　　)。

A. $\frac{\sum p_1q_1}{\sum p_0q_1}$　　B. $\frac{\sum q_1p_0}{\sum q_0p_0}$　　C. $\frac{\sum p_1q_0}{\sum p_0q_0}$　　D. $\frac{\sum q_1p_1}{\sum q_0p_1}$

E. $\frac{\sum p_1q_1}{\sum p_0q_0}$

3.帕氏综合指数的基本公式为(　　)。

A. $\frac{\sum p_1q_1}{\sum p_0q_1}$　　B. $\frac{\sum p_1q_0}{\sum p_0q_0}$　　C. $\frac{\sum p_1q_1}{\sum p_0q_0}$　　D. $\frac{\sum p_0q_1}{\sum p_0q_0}$

E. $\frac{\sum p_1q_1}{\sum p_1q_0}$

4.某企业为了分析本厂生产的两种产品产量的变动情况,已计算出产量指数为112.5%,这一指数是(　　)。

A. 综合指数　　B. 总指数　　C. 个体指数　　D. 数量指标指数

E. 质量指标指数

5.平均数变动因素分析的指数体系中包括的指数有(　　)。

A. 可变组成指数　　B. 固定构成指数　　C. 结构影响指数　　D. 算术平均指数

E. 调和平均指数

6.同度量因素的作用有(　　)。

A. 平衡作用　　B. 权数作用　　C. 稳定作用　　D. 同度量作用

E. 调和作用

7.若 p 表示商品价格,q 表示商品销售量,则公式 $\sum p_1q_1-\sum p_0q_1$ 表示的 意义是(　　)。

A. 综合反映销售额变动的绝对额

B. 综合反映价格变动和销售量变动的绝对额

C. 综合反映多种商品价格变动而增减的销售额

D. 综合反映由于价格变动而使消费者增减的货币支出额

E. 综合反映多种商品销售量变动的绝对额

8. 指数按计算形式不同可分为(　　)。

A. 简单指数　　B. 总指数　　C. 数量指标指数　　D. 质量指标指数

E. 加权指数

9.当权数为 p_0q_0时,以下说法正确的是(　　)。

A. 数量指标综合指数可变形为加权算术平均指数

B. 数量指标综合指数可变形为加权调和平均指数

C. 质量指标指数可变形为加权算术平均指数

D. 质量指标指数可变形为加权调和平均指数

E. 综合指数与平均指数没有变形关系

10.指数体系中(　　)。

A. 一个总值指数等于两个(或两个以上)因素指数的代数和

B. 一个总值指数等于两个(或两个以上)因素指数的乘积

C. 存在相对数之间的数量对等关系

D. 存在绝对变动额之间的数量对等关系

E. 各指数都是综合指数

11. 质量指标指数有(　　)。

A. 单位产品成本指数　　B. 农副产品收购价格指数

C. 劳动生产率指数　　D. 商品销售额指数

E. 产品产量指数

12. 属于数量指标指数的是(　　)。

A. 产品生产指数　　B. 销售量指数　　C. 物价指数　　D. 工人人数指数

13. 平均法数量指标指数作为综合法数量指标指数的变形,按一般方法(　　)。

A. 其权数应是基期总额　　B. 其权数应是报告期总额

C. 其权数应是假定总额　　D. 平均的方法是算术平均法

E. 平均的方法是调和平均法

14. 进行平均指标变动的因素分析应编制的指数有(　　)。

A. 算术平均数指数　　B. 调和平均数指数　　C. 固定构成指数　　D. 结构变动影响指数

15. 编制综合指数的一般原则是(　　)。

A. 质量指标指数以报告期的数量指标作为同度量因素

B. 质量指标指数以基期的数量指标作为同度量因素

C. 数量指标指数以基期的数量指标作为同度量因素

D. 数量指标指数以基期的质量指标作为同度量因素

三、判断题(把"√"或"×"填在题后的括号里)

1.统计指数有广义和狭义之分,统计工作中通常编制的指数是指狭义上的指数。(　　)

2.只有总指数可划分为数量指标指数和质量指标指数,个体指数不能作这种划分。(　　)

3.广义的指数就是指各种相对数。(　　)

4.反映多种商品销售量变动情况的销售量指数是个体指数。(　　)

5.综合指数是一种加权指数。(　　)

6.总指数有两种计算形式,即个体指数和综合指数。(　　)

7.数量指标指数和质量指标指数的划分具有相对性。(　　)

8.拉氏价格指数和帕氏价格指数计算结果不同,是因为拉氏价格指数主要受报告期商品结构的影响,而帕氏价格指数主要受基期商品结构的影响。(　　)

9.在平均数变动因素分析中,可变组成指数是用以专门反映总体构成变化这一因素影响的指数。(　　)

10.本年与上年相比,若物价上涨10%,则本年的1元只值上年的0.9元。(　　)

四、业务题

1. 假设某商店销售三种商品,基期和报告期的销售量和价格资料如表7—10所示。

表 7—10　　某商店三种商品基期和报告期的销售量和价格资料

商品	计量单位	基期销售量 q_0	报告期销售量 q_1	基期价格 p_0	报告期价格 p_1
甲	千克	480	600	25	25
乙	套	500	600	40	36
丙	件	200	180	50	70
合计	—	—	—	—	—

要求：(1)计算用基期价格作为同度量因素的商品销售量总指数及对销售额的影响；

(2)计算用报告期价格作为同度量因素的指数商品销售量总指数及对销售额的影响。

2. 某百货公司 2010 年商品零售额为 420 万元，2011 年比 2010 年增加 30 万元，零售物价上涨 8.5%。

要求：推算该百货公司零售额变动中由于零售价格和零售量变动的影响程度和影响绝对额。

3. 某地区粮食产值、播种面积和单位面积产量的资料如表 7—11 所示。

表 7—11　　某地区粮食产值、播种面积和单位面积产量

粮食作物	q_0	q_1	k_0	k_1	p_0	p_1
甲	1 000	1 200	400	500	2	3
乙	700	600	320	400	1.5	2.2
丙	500	300	250	300	1	1.6

要求：试对产值变动的原因进行分析(q 为播种面积，k 为单位面积产量，p 为粮食单价)

4. 某企业有三个生产车间，2010 年和 2011 年各车间的工人数和劳动生产率资料如表 7—12 所示。

表 7—12

车间	职工人数(人)		劳动生产率(万元/人)	
	2010	2011	2010	2011
一车间	200	240	4.4	4.5
二车间	160	180	6.2	6.4
三车间	150	120	9.0	9.2

要求：试分析该企业劳动生产率的变动及其原因。

5. 某两家上市公司的盈利情况如表 7—13 所示。

表 7—13　　某两家上市公司的盈利情况

企业	盈利额(亿元)		利润率(%)	
	2015 年	2016 年	2015 年	2016 年
A	0.4	0.5	8.9	9.1
B	1.2	1.1	7.3	7.1

其中利润率＝盈利额/总资产×100%，求利润率加权平均数。

6. 某超市对 A、B、C 三地开通了购物直通车，超市每天都会记录乘坐直通车的顾客的人次和消费额，表 7—14中的数据为星期一和星期日的统计数据。

表 7—14　　某超市关于乘坐直通车顾客的统计数据

地区	日购物人次 q		人均消费额(元)p	
	星期一	星期日	星期一	星期日
A	180	230	70	100

续表

地区	日购物人次 q		人均消费额(元) p	
	星期一	星期日	星期一	星期日
B	120	150	120	150
C	280	340	89	110

要求:(1)计算人均消费额和人次的加权综合指数;

(2)用指数体系分析顾客总消费量。

7. 一种商品有三种型号,商场销售人员记录了这三种型号在两个季度的销售情况,如表 7—15:

表 7—15　　某商品三种型号的销售情况

商品型号	当期进货数量		销售率(%)		销售量	
	第一季度	第三季度	第一季度	第三季度	第一季度	第三季度
A	800	1 000	92	96		
B	700	950	89	93		
C	680	740	87	90		

要求:(1)将上表填完整,并计算销售量第三季度比第一季度的增长量;

(2)计算销售率的加权综合指数和加权平均指数;

(3)用指数体系分析销售量的变动量。

8. 某市 2015 年第一季度社会商品零售额为36 200万元,第四季度为35 650万元,零售物价下跌 0.5%。试计算该市社会商品零售额指数、零售价格指数和零售量指数,以及由于零售物价下跌居民少支出的金额。

9. 某厂三种产品的产量情况如表 7—16 所示。

表 7—16　　某厂三种产品的产量情况

产品	计量单位	出厂价格(元)		产量	
		基期	报告期	基期	报告期
A	件	8	8.5	13 500	15 000
B	个	10	11	11 000	10 200
C	千克	6	5	4 000	4 800

要求:试分析出厂价格和产量的变动对总产值的影响。

第八章

抽样调查

【学习目标】

1. 理解抽样推断的概念及特点；
2. 理解抽样误差产生的原因；
3. 重点掌握简单随机抽样组织形式的区间估计方法。

【案例引导】

为了进一步促进婴幼儿配方乳粉产品质量的提高、规范乳制品行业的健康发展，食品药品监管总局每年都会组织对婴幼儿配方乳粉进行监督检查。由于城市众多，品牌众多，导致总体容量太大，无法对总体中的样本进行一一分析，那么采用什么方法才能达到目的呢？让我们用抽样的方法来试一试。

2015 年 5 月 5 日，国家食药监总局发布《2014 年婴幼儿配方乳粉监督抽检情况的通报》，通报显示，2014 年，食药监总局对国内全部 100 家婴幼儿配方乳粉生产企业的产品和部分进口产品进行了抽样检查，抽样样品1 565批次，检出不合格样品 48 批次，涉及 23 家国内生产企业和 4 家进口经销商。其中，进口样品抽检 200 批次，检出不合格样品 4 批次，其中存在一般风险的有 2 批次。从一些检测结果来看，国产婴幼儿奶粉并不比洋奶粉差。国家食品安全风险评估中心研究员韩军花也曾表示，中国标准的制定更加符合中国宝宝的营养需求，有些方面甚至比国外标准更严格。

（来源：国家食品药品监督总局，2015 年 5 月 5 日发布）

第一节　抽样调查概述

一、抽样调查的概念与作用

(一)抽样调查的概念与特点

抽样调查又称抽样推断或抽样估计，是从总体中按随机原则抽取一部分样本进行观测，并根据这部分样本的资料推断总体数量特征的一种方法。抽样调查具有下列四大特点：

(1)它是由部分推算整体的一种方法；

(2)它是建立在随机抽样的基础上的；

(3)它运用概率估计的方法；

(4)它的误差可以事先计算并加以控制。

抽样调查的中心问题是如何根据已知的部分资料来推断未知的总体情况。例如，根据对1%的电池的使用时间进行检验的结果，对全部电池的使用时间作出推断；根据少数农民家庭生活情况的调查资料，推算全国农民生活的实际水平等。

(二)抽样调查的作用

抽样调查的特点决定了它在实际工作中具有广泛的适用性。如公众对某个领导人、某重大事件的态度和看法等，都可以通过抽样调查迅速得到了解和掌握。一般来说，抽样调查主要有如下作用：

(1)有些客观现象不能作全面调查，而又需要了解总体的情况，这就只能抽取一部分进行调查。例如破坏性的产品检验，导线的拉力强度，灯泡、显像管的寿命等。

(2)用于不可能进行全面调查而又需要了解全面情况的现象。一些大规模的调查如市场需求情况、家庭收支状况、不同地区民众受教育程度及人口分布情况等，虽然在理论上可以进行全面调查，但实际上很困难，甚至几乎是不可能的。

(3)用于不必要进行全面调查的现象。抽样调查可以节约调查的人力和费用。统计工作收集资料也像其他工作一样有一个经济效益问题，即在满足需要的前提下，如何能节省人力物力。

(4)速度快。当有些资料具有很强的时间性时，以有限的人力和物力采用全面调查会使时间拖延，只能获得陈旧的信息；而抽样调查能及时获取信息。

二、抽样调查中的几个基本术语

(一)总体与样本

1、全及总体(总体、母体)

全及总体指调查研究现象的整体，简称总体，一般用符号 N 表示。总体既是我们所要研究的对象，又是样本所赖以抽取的母体。如从10 000袋奶粉中抽取 100 袋进行质量检测，来考察产品合格率，则总体 $N=10\ 000$件。

2. 样本总体(样本、子样)

样本总体是指在总体中按随机原则抽取的那一部分单位所构成的集合体，简称样本，一般用符号 n 表示。如从全市 100 万名市民中抽取 10 000 人进行健康状况调查，这 10 000 人即构成一个样本总体。样本单位数总是大于 1 而小于总体单位数 N 的，即 $1<n<N$。样本单位数 n 相对于总体的单位数 N 要小得多。统计把 n/N 称为抽样比例。样本单位数达到或超过 30 个($n\geqslant 30$)称为大样本，而在 30 个以下($n<30$)称为小样本。

(二)全及指标和样本指标

1. 全及指标

全及指标是指根据总体各单位的标志值计算出来的，反映总体某种属性或特征的综合指标，亦称为总体参数。由于总体是唯一确定的，因此根据总体计算的总体指标也是唯一确定的。常用的总体指标有以下几种：

(1)总体平均数,是代表总体单位数量标志一般水平的指标,它表明变量变动的集中趋势,通常用 $\bar{X}$ 表示。

$$\bar{X}=\frac{X_1+X_2\cdots+X_n}{N}=\frac{\sum_{i=1}^{n}X_i}{N}$$

式中:

$X_1,X_2\cdots X_n$——总体中每一个调查单位的取值;

N——总体单位数;

$\sum$——总和符号。

(2)总体成数,即当总体的一个现象有两种属性时,其中具有某一种属性的单位数占总体单位数目的比重叫总体成数,用 P 或 Q 表示。

$$p=\frac{N_1}{N},Q=\frac{N_0}{N}$$

式中:N——总体单位数;

N_1——具有某一种表现的总体单位数;

N_0——具有另一种表现的总体单位数;

P、Q——成数。

因为 $N_1+N_0=N$,

所以 $P+Q=\frac{N_1+N_0}{N}=1$,

则 $Q=1-P$。

如某公司生产的 10 000 件产品中,有 500 件为不合格品。则产品不合格率

$P=\frac{N_1}{N}=500/10\ 000=5\%$

产品合格率 $Q=1-P=1-5\%=95\%$

(3)总体标准差和总体方差,表示单位之间标志值的变异程度指标,叫作总体标准差,又称总体均方差(标准差),其平方称为总体方差。

$$\sigma=\sqrt{\frac{\sum(X-\bar{X})^2}{N}}$$

$$\sigma^2=\frac{\sum(X-\bar{X})^2}{N}$$

2. 样本指标

抽样指标是指根据抽样总体各单位标志值计算的综合指标,又称样本指标。常用的抽样指标有抽样平均数($\bar{x}$)、抽样成数(p 或 q)、抽样总体标准差(s)和抽样总体方差(s^2)。

(1)样本平均数,代表样本单位数量标志一般水平的指标称抽样平均数或样本平均数。

$$\bar{x}=\frac{x_1+x_2\cdots+x_n}{n}=\frac{\sum_{i=1}^{n}x_i}{n}$$

(2)样本成数,即在抽样总体中,一个现象有两种表现时,其中具有某一种表现的单位数占抽样总体单位数的比重,亦称抽样成数,用 p 或 q 表示。其计算公式为:

$$p=\frac{n_1}{n},q=\frac{n_0}{n}$$

同总体成数，因为 $n_1+n_0=n$，

所以 $p+q=\frac{n_1+n_2}{n}=1$，

则 $q=1-p$。

如从某公司生产的产品中，抽样检查了 100 件产品，其中有 5 件不合格，则样本产品不合格率。

$p=\frac{n_1}{n}=\frac{5}{100}=5\%$

$q=1-p=1-5\%=95\%$

(3)样本总体标准差和样本总体方差，说明抽样总体之间标志值变异程度的指标，叫作抽样总体标准差，其平方称为抽样总体方差(简称样本方差)。

$$s=\sqrt{\frac{\sum(x-\bar{x})^2}{N}}$$

$$s^2=\frac{\sum(x-\bar{x})^2}{N}$$

一个总体可以抽取许多个样本，而样本不同，抽样指标的数值也各不相同。可见，抽样指标的数值不是唯一确定的。因为抽样指标是样本变量的函数，是随机可变的变量。也就是说，由样本观测值所决定的统计量是随机变量。

(三)重复抽样和不重复抽样

1. 重复抽样(重置抽样)

重复抽样也称有放回抽样，即在抽取下一个样本时，把上一个抽中的样本放回去，因此一个样本有被重复抽中的可能。采用这种方法抽取样本的特点是：同一单位有多次重复被抽中的机会，并且总体单位数目始终不变，每个单位抽中或抽不中的机会在各次都是相同的。

(1)考虑顺序的重复抽样。

$$B_N^n=N^n$$

如从 50 个样本当中选取 5 个样本，则样本数目为：

$B_N^n=N^n=50^5=321\ 500\ 000$(种)

(2)不考虑顺序的重复抽样。

$$D_N^n=C_{N+n-1}^n$$

2. 不重复抽样(不重置抽样)

不重复抽样也称为无放回抽样，即抽中的样本不再放回去，因此一个样本只有一次抽中的机会。在社会经济的抽样调查中一般是不重复抽样。采用这种方法抽取样本单位的特点是：同一单位只有一次被抽中的机会，并且总体单位数目随着样本单位数目抽取的次数的增多而愈变愈少。每个单位抽中或抽不中的机会在各次是不同的。

(1)考虑顺序的重复抽样。

$$A_N^n=N(N-1)\cdots(N-n+1)=\frac{N!}{(N-n)!}$$

如从 50 个样本当中选取 5 个样本，则样本数目为：

$A_{50}^5=50\times49\times48\times47\times46=254\ 251\ 200$(种)

(2)不考虑顺序的重复抽样。

$$C_N^n = \frac{N!}{(N-n)!\, n!} = \frac{A_N^n}{n!}$$

如从 50 个样本当中选取 5 个样本，则样本数目为：

$$C_{50}^5 = \frac{A_{50}^5}{5!} = \frac{254\ 251\ 200}{5\times4\times3\times2\times1} = 2\ 118\ 760 \text{ 种}$$

三、抽样调查的组织形式

根据随机抽样的原则，结合具体研究对象的性质以及调查工作的目的和条件，在统计工作实践中主要采用四种抽样调查组织方式，即简单随机抽样、分层抽样、等距抽样和整群抽样。

(一)简单随机抽样

简单随机抽样(simple random sampling)又称纯随机抽样，是一种最基本的抽样方式。设总体的大小为 N，从中随机抽取容量为 n 的样本，每一个样本都有同样的机会被抽中，这种抽样的方法称为简单随机抽样，所抽到的样本为简单随机样本。

简单随机样本的抽取可以有多种方法，抽签、摸球、抓阄就是最原始的方法。具体做法是：每一个被抽选的总体单位都用一个签、球或阄来代表，然后把它们搅均匀，从中随机摸取，直到抽够所需的 n 个样本单位数目为止，抽中者即为样本单位。简单随机抽样又可以分为重复抽样和不重复抽样两种。

[例 8—1] 从 A、B、C、D 四人中随机抽取 2 人，则 $N=4$，$n=2$。如果按重复抽样的方法抽选样本，可能的配合样本有：

所有可能的 $n=2$ 的样本(共 16 个)				
	第二个观察值			
第一个观察值	1	2	3	4
1	AA	BB	CC	DD
2	AB	BA	CA	DA
3	AC	BC	CB	DB
4	AD	BD	CD	DC

即考虑顺序的重复抽样有 16($N^2=4^2=16$)种配合情况的可能样本，不考虑顺序的重复抽样可能组成的样本个数 10 个($D_4^2=C_{4+2-1}^2=10$)。

[例 8—2] 承例 8—1，如果按不重复抽样的方法抽选样本，可能的配合样本有：

所有可能的 $n=2$ 的样本(共 12 个)				
	第二个观察值			
第一个观察值	1	2	3	4
1	AB	BA	CA	DA
2	AC	BC	CB	DB
3	AD	BD	CD	DC

即考虑顺序的不重复抽样有 12($A_4{}^2=12$)种，不考虑顺序的不重复抽样有 6($C_4{}^2=6$)种配合样本。

简单随机抽样最常用的是随机数字表抽取样本，这种表是由计算机或其他随机方法制成的，即 0，1，…9 这 10 个数字出现的机会是等概率的，但排列的顺序是随机的。使用时首先将总体单位编上号码(1—N),然后根据总体单位的数目决定从表上抽取数字的位数,假定$N=638$,是三位数,就需要在表上相应地取三位数,取数的方法可以用随机的起点,按预先规定取数的方向抽取三位数,凡抽到的数字在638以下,相应的单位就为抽中单位;若抽中的单位大于638,则予以舍去;继续按规则抽取,在不重复抽样时遇到重复的号码也同样舍去,直到抽够n个样本单位为止。

采用简单随机抽样方式抽取样本,先要将总体各个单位进行编码,然后按随机原则抽取若干数码,所有中选数码所对应的单位即构成样本。具体做法是:

(1)抽签法。当给总体各单位编号后,把号码写在结构均匀的签上,将签混合均匀后即可以从中抽取。采用这种方法简便易行,然而对较大的总体来说,编号抽签工作量很大,且混匀有困难,因此其应用有一定局限性,适合用于总体单位数较少的总体。

(2)随机数表法。随机数字可以借助于计算机获得,也可应用随机数表,其中随机数表方法应用较为普遍。表中数字是按照完全随机的方法产生的,从0~9中任何一个(一组)数字出现的概率与其他(组)数字出现的概率完全相同。随机数表的使用要遵守随机原则。首先,给总体编号,据编号的最大位数确定将要使用随机数表的列数,然后从表中任意一列、任意一行开始,由纵向或横向画线取数,遇到属于总体单位编号范围内的数组就确定为样本单位,然后继续往下找。如果要求不重复抽样时,遇到重复出现的数字(组)就弃之,直到取足要求的单位数为止。因此,适合用于大规模的社会经济调查。

[例8—3] 我们假定BBS公司有2 000名技术人员,且已经被依次标号(即1,2,3,…,1999,2000),我们要从中随机抽取30名技术人员,首先查看随机数表(见表8—1),如表中第一行的每个数字1,7,7,…都是随机数,以相同的机会发生。

表8—1 随机数表(部分列示)

17726	28652	56836	78351	47327	18518	92222	55201
36520	64465	05550	30157	82242	29520	69753	72602
81628	36100	39254	56835	37636	02421	98063	89641
84649	48968	75215	75498	49539	74240	03466	49292
70502	53225	03655	05915	37140	57051	48393	91322
06426	24771	59935	49801	11082	66762	94477	02494
10711	55069	29430	70165	45406	78484	31639	52009
41990	70538	77191	25860	55204	73417	83920	69468
72452	36618	76298	26678	89334	33938	95567	29380
37042	40318	57099	10528	09925	89773	41335	96244
53766	52875	15987	46962	67342	77592	57651	95508
90585	58955	53122	16025	84299	53310	67380	84249
32001	96293	37203	64516	51530	37069	40216	61374
62606	64324	46354	72557	67248	20135	49804	09226

由于BBS技术人员总体的最大标号为2000，是四位数，我们从表中每四位一组选择随机数，根据表8—1第一行，四位随机数有：1772　6286　5256　8367　8351　4732　7185　1892　2225　5201，我们把数字不超过2000的随机数选入随机样本中。这一过程一直继续下去，直到取得所希望的由30名技术人员组成的简单随机样本。

使用随机数表可以从任何一个位置开始挑选随机数。一旦选择了一个任意的起点，则采用按行或按列或按斜角，选择一个一个的随机数。

现在假定已选取了一个由30人组成的简单随机样本，他们相应的年收入及学历的数据见表8—2。在本科及以上学历这一栏，已经完成学业的人用"是"表示。

表8—2　　由30人组成的简单随机样本

年收入(千元)	本科及以上学历	年收入(千元)	本科及以上学历
490	是	514	是
533	是	509	是
496	是	551	是
498	是	459	是
476	是	572	否
559	否	556	是
490	是	515	否
517	是	561	否
520	否	501	否
449	是	529	否
524	是	502	否
530	是	527	否
450	是	509	是
515	是	559	是
545	是	572	否

简单随机抽样是其他抽样方法的基础，它在理论上最容易处理，但也有缺点。如果总体规模相当大，简单随机抽样实施起来就很难；其次用简单随机抽样得到的样本单位较为分散，调查不容易实施，因此在实际中直接采用简单随机抽样的并不多。

(二)分层抽样

分层抽样(reduced sampling)是把全及总体按主要标志划分为若干个层或组，然后在各组中再按随机原则抽取样本的组织形式。

1. 分层抽样的方法

分层抽样的样本单位数在各类型之间的分配有三种方法：

(1)等比例抽样。按同样的抽样比$\frac{n}{N}$，确定各组中应抽的样本单位数，如各组单位数为N，则从中抽取的样本单位为N_1(其$\frac{n}{N}$相等)，各组样本单位数确定后，按随机原则从各组中抽取各类单位组成样本。

[例8—4]　我们想了解某高校本科生、硕士生与博士生对职业的选择趋向。全校共有学生1 000人，三者所占比例为6∶3∶1，如果按比例抽取一个60人的样本，则本科生抽取36人，硕士生抽取18人，博士生抽取6人。

(2)不等比例抽样。多指某类单位在总体中占的比重不同,对其按比例抽不到或只能抽到很少数量,为了保证样本中各类单位的代表性而采取不等比例抽样的方法。

[例 8—5] 承例 8—4,如果我们仍按 6∶3∶1 的比例抽取一个 60 人的样本,博士生只能抽取 6 人,数量太少。这时我们就可以使用不等比例抽样,改为每组均抽 20 人,使博士生的被抽机会三倍于硕士生、六倍于本科生。这是一个非等概率抽样。

(3)等数分配类型抽样法。这是在各类型组中分配同等的样本单位数的方法。这种方法只在各类型的总体单位数相等或差异不大时才使用,运用这种分配方法可使综合计算比较简单。

2. 分层抽样样本均值的计算

(1)各层的样本均值的计算公式为:

$$\bar{x}_i = \frac{\sum_{j=1}^{ni} x_{\bar{y}}}{n_i}$$

(2)样本均值的计算公式为:

$$\bar{x} = \frac{\sum_{i=1}^{ni} N_i \bar{x}_i}{N} = \frac{\sum_{i=1}^{ni} n_i \bar{x}_i}{n}$$

[例 8—6] 某农场全部粮食耕地为5 000亩,按平原和山区面积比例抽取样本容量 630 亩,计算各组平均亩产 $\bar{x}_i$ 和均方差 σ_i,如表 8—3 所示。求抽样平均亩产 $\bar{x}$ 和均方差 $\mu_{\bar{x}}$。

表 8—3 **某农场粮食耕地及亩产量情况**

	全部面积(亩)N_i	抽样面积(亩)n_i	抽样平均亩产(斤)$\bar{x}_i$	亩产标准差(斤)s_i
平原	4 000	504	960	200
山区	1 000	126	750	400
合计	5 000	630	—	—

$$\bar{x} = \frac{\sum_{i=1}^{2} n_i \bar{x}_i}{n} = \frac{504 \times 960 + 126 \times 750}{630} = 918(\text{斤})$$

由于没有总体方差资料,可用样本方差代替,即:

$$s^2 = \frac{\sum_{i=1}^{2} n_i \bar{x}_{i\ i}}{n} = \frac{504 \times 200^2 + 126 \times 400^2}{630} = 64\ 000$$

分层抽样的主要优点如下:

(1)当一个总体内部分层明显时,分层抽样能够提高样本的代表性,从而提高从样本推断总体的精确性。

(2)分层抽样实施起来灵活方便,而且便于组织。由于抽样是在各层独立进行的,因此它允许根据不同层的情况采用不同的抽样方法。

分层抽样的主要局限是,调查者必须对总体情况有较多的了解,否则无法进行恰当的分层。

(三)等距抽样

等距抽样(systematic sampling)又称为机械抽样或系统抽样。它是先将总体各单位按有关标志或无关标志进行排列，再按照固定的顺序和间隔来抽选样本单位的一种抽样组织形式。

例如，从拥有 6 000 个元素的总体中抽取 100 个元素作为一个样本，我们可以在 1～60 之间随机选取一个元素，然后把这个元素的观察值包括在样本中，然后每隔 60 个元素选取一个元素并记录其观察值，直到我们获得一个理想的样本容量。如在 1～60 之间选择 30，则下一个元素是 90，150……以此类推。

等距抽样根据总体单位的排列情况不同大致可以分为两类：

1. 按无关标志排队，即排列的顺序和所研究的标志无关

例如，调查某工厂职工的平均年龄时，是按以姓氏笔画排列的职工名单来进行抽样的。显然，年龄和姓氏笔画之间没有必然的联系，因此这种排列的抽样也称为无序系统抽样，可以比作是随机排列的。又如，研究工人的平均收入水平时，按工号排队。

2. 按有关标志排队，即作为排队顺序的标志与单位标志值的大小有密切关系

例如，在进行农产量调查时，是将总体单位按当年估产或上年的平均自产的高低顺序排列的。这种按有关标志排列的等距抽样也称为有序的等距抽样。这种抽样的方法可以使标志值高低不同的单位均有代表性的单位选入样本，因而抽样的误差比较小。又如，研究工人的生活水平，按工人月工资额高低排队。

等距抽样是不重复抽样，通常可以保证被抽取的单位在总体中均匀分布，缩小各单位之间的差异程度，提高样本的代表性。

等距抽样的一个主要优点是易于实施、工作量少，另一个优点是样本在总体中的分布比较均匀，故而抽样误差小于或至多等于简单随机抽样。由于上述优点，等距抽样成为实际中广泛应用的一种抽样方法。但等距抽样也有其自身弱点，它是以总体单位的无规律排列为前提的，其存在的一个潜在问题是周期性，当总体呈现周期性变化时会出现这种现象，而且周期长度与我们采用等距抽样观察到的结果一样。

（四）整群抽样

整群抽样也称集团抽样、区域抽样或分群随机抽样，它是先将总体各单位划分成若干群，再以群为单位从中随机地抽取出若干群来，对被抽中群的所有单位进行调查的一种抽样组织形式。

例如，要调查某大学 12 个系学生的思想状况，该大学有 8 000 人，这时，可将系作为抽样单位——亦即抽样的子群。抽取 3 个系，然后对这 3 个系的所有学生都进行抽样，这就是整群抽样。

整群抽样时，群的划分要满足两个条件：一是群与群之间没有单位重叠；二是总体中每一个单位都必须属于某一个群，即要使总体单位无遗漏。一般说来，群的划分多是自然形成的，也有人为划分的。现假设将总体的全部单位数 N 划分为 R 个群，，每群包含 M 个单位，并从总体中抽选 r 个样本群。则第 i 群的样本均值为：

$$\bar{x}_i = \frac{1}{M}\sum_{j=1}^{M} x_{ij}$$

则样本均值为：

$$\bar{x}_i = \frac{\sum_{i=1}^{r}\sum_{j=1}^{M} x_{ij}}{rM}$$

整群抽样的主要优点是：便于组织，可以节省人力、物力和财力。最大缺点是：样本分布不均匀；样本的代表性差；与其他抽样方法相比，在样本容量相同时，其抽样误差较大。

帮你学

	总体	样本
平均指标	$\bar{X}=\frac{\sum_{i=1}^{n}X_i}{N}$	$\bar{x}=\frac{\sum_{i=1}^{n}x_i}{n}$
成数指标	$P=\frac{N_1}{N},Q=\frac{N_0}{N}$	$p=\frac{n_1}{n},q=\frac{n_0}{n}$
标准差	$\sigma=\sqrt{\frac{\sum(X-\bar{X})^2}{N}}$	$s=\sqrt{\frac{\sum(x-\bar{x})^2}{N}}$

第二节 抽样误差

一、抽样误差的概念

抽样误差是指样本指标与被它估计的总体相应指标之间的离差。如抽样平均数与总体平均数的绝对离差、抽样成数与总体成数的绝对离差等。

必须指出，抽样误差是抽样所特有的误差。凡进行抽样就一定会产生抽样误差，这种误差虽然是不可避免的，但可以控制，所以又称为可控制误差。

二、影响抽样误差的主要因素

(一)目标总体的变异程度

目标总体的变异程度(σ)是影响抽样误差的最主要的因素之一，总体的变异程度越大，在确定样本下的抽样误差越大。

(二)样本容量

对于一个确定的总体，减小抽样误差的主要手段就是增加样本量。从公式中可以知道，抽样误差与样本量的平方根成正比，欲使抽样误差缩小一半，必须使样本量增加到原来的四倍。

(三)抽样方式

通常重复抽样误差要大于不重复抽样误差。这是因为，在重复抽样条件下同一单位有可能多次被抽中，这样样本的代表性相对减少，抽样误差相对扩大。

(四)抽样的组织形式

抽样的组织形式是纯随机抽样、分层抽样、整群抽样或者多阶段抽样等方式，各种方式都有对应的误差计算公式，不同情况下的抽样误差相差也比较大。在实践中，我们可以利用不同抽样组织方式下抽样误差的大小来判断不同方式的有效性。

三、抽样平均误差

(一)抽样平均误差的概念

抽样平均误差是指一个抽样方案的所有可能样本的某统计量与总体相应指标的离差的平均值。纯随机抽样平均误差的定义关系式如下：

$$\text{抽样平均误差}=\sqrt{\frac{\sum(\text{各种样本统计量}-\text{期望值})^2}{\text{所有可能的样本个数}}}$$

上式表明了抽样平均误差的含义，并不能作为计算公式。因为：

(1)在现实的抽样中，只能取得一个样本，不可能也没必要获得全部所有可能样本，所以抽样平均误差也不可能通过所有样本来直接计算。

(2)根据统计量的分布律可知：统计量是以总体相应指标为期望值，抽样平均误差实质上就是该统计量在其概率分布中的标准差。

(二)抽样平均误差的计算

抽样平均误差与抽样方法有关，现分别介绍重复抽样和不重复抽样的抽样平均误差的计算公式。

1. 抽样平均数的平均误差

(1)重复抽样的抽样平均误差。

在重复抽样的条件下总体方差已知，样本平均数服从正态分布，其抽样平均数的平均误差计算公式为：

$$\mu_{\bar{x}}=\sqrt{\frac{\sigma^2}{n}}=\frac{\sigma}{\sqrt{n}}$$

式中：$\mu_{\bar{x}}$——抽样平均数的平均误差；

$\sigma(\sigma^2)$——总体数量标志标准差(方差)；

n——样本容量。

由上式可以看出，抽样平均数的平均误差就是抽样平均数的标准差。抽样平均误差和总体标准差是成正比的，与样本单位数的平方根成反比。因此，要想减少抽样平均误差以提高抽样指标的代表性，只能增大样本单位数 n，因为总体标准差是不能改变的。

[例 8—7] 某灯泡厂从一天所生产的 10 000 个产品中抽取 100 个检查其寿命，得平均寿命为 2 000 小时(一般为重复抽样)，根据以往资料，$\sigma=20$ 小时，则：

$$\mu_{\bar{x}}=\sqrt{\frac{\sigma^2}{n}}=\frac{\sigma}{\sqrt{n}}=\sqrt{\frac{20^2}{100}}=\pm 2\text{(小时)}$$

(2)在不重复抽样的抽样平均误差。

在不重复抽样的条件下，抽样平均数的平均误差计算公式为：

$$\mu_{\bar{x}}=\sqrt{\frac{\sigma^2}{n}\frac{(N-n)}{N-1}}$$

当总体单位数 N 很大时，公式中的 $N-1$ 可以用 N 代替。在实际计算时，不重复抽样的抽样平均数的平均误差可用下式计算：

$$\mu_{\bar{x}}=\sqrt{\frac{\sigma^2}{n}(1-\frac{n}{N})}$$

[例 8—8] 承例 8—7，若为不重复抽样，则：

$$\mu_{\bar{x}}=\sqrt{\frac{\sigma^2}{n}(1-\frac{n}{N})}=\sqrt{(1-\frac{100}{1\,000})\times\frac{20^2}{100}}=\pm 1.99\text{(小时)}$$

[例 8—9] 某公司生产一批灯泡，共 1 000 只，从中随机抽取 100 只，测其寿命平均为 1 000小时，样本标准差为 610 小时，计算其抽样误差。

按重复抽样计算：$\mu_{\bar{x}}=\sqrt{\frac{\sigma^2}{n}}=\frac{60}{10}=6\text{(小时)}$

按不重复抽样计算：$\mu_{\bar{x}}=\sqrt{\frac{\sigma^2}{n}(1-\frac{n}{N})}=\sqrt{\frac{60^2}{100}(1-\frac{100}{1\,000})}=5.69$（小时）

取得σ的途径有：

①用过去全面调查或抽样调查的资料，若同时有n个σ的资料，应选用数值较大的那个；

②用样本标准差s代替全及标准差σ；

③在大规模调查前，先搞个小规模的试验性的调查来确定s，代替σ；

④用估计的方法。

2. 抽样成数的平均误差

统计成数（比重）是一种结构相对数，习惯上以1表示"是"，以0表示"非"。p为1的概率，$q=1-p$为0的概率。成数的方差是$p(1-p)$，其特点为，最大值为0.25(0.5×0.5)，即当两种表现的总体单位各占一半时，它的变异程度最大。

(1)在重复抽样条件下，其计算公式为：

$$\mu_p=\sqrt{\frac{p(1-p)}{n}}$$

(2)在不重复抽样条件下，其计算公式为：

$$\mu_p=\sqrt{\frac{p(1-p)}{n}\left(\frac{N-n}{N-1}\right)}$$

当总体单位数N很大时，公式中的$N-1$可以用N代替。在实际计算时，不重复抽样的抽样平均数的平均误差可用下式计算：

$$\mu_p=\sqrt{\frac{p(1-p)}{n}\left(1-\frac{n}{N}\right)}$$

式中：μ_p——抽样成数的平均误差；

$\sqrt{p(1-p)}$——总体是非标志标准差（方差）；

n——样本容量。

[例8—10] 某玻璃器皿厂某日生产15 000只印花玻璃杯，现按重复抽样方式从中抽取150只进行质量检验，结果有144只合格，其余6只为不合格品，试求这批印花玻璃杯合格率（成数）的抽样平均误差。

因为$N=15\,000, n=150$

$p=\frac{147}{150}=96\%$

按重复抽样的方式：

$$\mu_p=\sqrt{\frac{p(1-p)}{n}}=\sqrt{\frac{0.96\times(1-0.96)}{150}}=1.6\%$$

若按不重复抽样的方式：

$$\mu_p=\sqrt{\frac{p(1-p)}{n}(\frac{N-n}{N-1})}=\sqrt{(1-\frac{150}{15\,000})\times\frac{0.96\times(1-0.96)}{150}}\approx1.59\%$$

抽样平均误差公式中重复抽样和不重复抽样的区别在于：

不重复抽样和重复抽样相比，多了一个修正系数$1-\frac{n}{N}$，而该系数总是小于1而大于0，因此，不重复抽样误差总是小于重复抽样误差。但当N很大时，$\frac{n}{N}$就很小，$1-\frac{n}{N}$就接近于1，两者的误差几乎没有差别。所以,实际进行抽样调查时,尽管采用不重复抽样方法,仍可采用重复抽样公式计算抽样误差。

(五)抽样极限误差

1. 抽样极限误差的概念

抽样极限误差($\Delta_{\bar{x}}$,Δ_p)是指抽样指标之间的抽样误差的可能范围。由于全及指标是客观存在的唯一确定的数值,而样本指标是随不同可能出现的样本而取值并围绕全及指标变动的一个随机变量,因而样本指标与指标可能产生正或负的离差。极限误差就是指变动的样本指标与确定的全及指标之间离差的可能范围。

2. 抽样误差范围估计的可靠程度

由于抽样误差是一个随机变量,因而全及指标包括在 $\bar{x}\pm\Delta_{\bar{x}}$ 或 $p\pm\Delta_p$ 这一范围内并非必然事件,而只是在一定的概率保证下,希望全及指标能包括在给定的误差范围内。也就是说,抽样极限误差($\Delta_{\bar{x}}$)与抽样的可靠程度($1-\alpha$)之间具有一定的关系。

抽样极限误差($\Delta_{\bar{x}}$)与抽样的可靠程度($1-\alpha$)之间的关系可以描述为:$p(|\bar{x}-\bar{X}|\leq\Delta_{\bar{x}})=1-\alpha$。

把极限误差 $\Delta_{\bar{x}}$ 或 Δ_p 分别除以 $\mu_{\bar{x}}$ 或 μ_p,得到相对数 t,表示误差范围为抽样平均误差的 t 倍。t 是测量估计可靠程度的一个参数,称抽样误差的概率度。

$$t=\frac{\Delta_{\bar{x}}}{\mu_{\bar{x}}} \text{或} t=\frac{\Delta_p}{\mu_p}$$

t 的函数用 $F(t)$ 来表示,称为置信度。

[例 8—11] 某农场进行小麦产量的抽样调查,该农场小麦播种面积为 10 000 亩,采用不重复的简单随机抽样从中选 100 亩作为样本,进行实割实测,得到样本的平均亩产量为 400 千克,样本标准差为 12 千克。则:

(1)$\mu_{\bar{x}}=\sqrt{\frac{\sigma^2}{n}(1-\frac{n}{N})}=\sqrt{(1-\frac{100}{1000})\times\frac{12^2}{100}}=1.19$(千克)

(2)若以概率 95.45%($t=2$)保证,该农场 10 000 亩小麦的平均亩产量的可能范围为:

$\mu=\bar{x}\pm\Delta=400\pm2'$

上限为 402.38,下限为 397.62。

(3)若以概率 99.73%($t=3$)保证,该农场 10 000 亩小麦的平均亩产量的可能范围为:

$\mu=\bar{x}\pm\Delta=400\pm3'$

上限为 403.57,下限为 396.43。

帮你学

极限抽样误差是根据抽样平均误差计算的,它是 t 倍的抽样平均误差。它们之间的数量关系如下:极限抽样误差=概率度×抽样平均误差,即 $\Delta=t\times\mu$

第三节　总体指标的推断

社会经济统计的认识对象是现象总体的数量方面,理应收集现象总体的全面资料,再依据统计目的研究其总体的数量特征,以获得总体本质及其规律性的认识。但在实际工作中,由于受客观条件或环境的限制,往往不可能或没必要收集总体的全面资料,只可能或只需要利用样本资料估计总体的数量特征或推算总体的总量指标，这就是抽样估计。

总体指标的推断有点估计和区间估计两种方法。

一、点估计

点估计(point estimator)也叫定值估计，它是以抽样得到的样本指标作为总体指标的估计值，同时给出极限误差和相应的可靠程度的一种估计方法。在实践中，对总体的特征值(如平均数、成数等)估计，主要借助于点估计。具体表示点估计是用样本数据计算出估计值，同时给出估计精度和相应的可靠程度。比如，直接用样本比例 p 作为总体比例 P 的估计值，用样本方差 s^2 作为总体方差 σ^2 的估计值等。假设估计一个网吧每天平均每人的上网时间，根据一个随机样本计算的平均上网时间 70 分钟，我们就认为所有来到这个网吧上网的人的人均每天上网时间是 70 分钟。再如，估计一条生产流水线的产品合格率，根据随机样本计算出样本的合格率为 98%，那么，我们就将 98%作为整条流水线生产产品的合格率的一个估计值，认为整条生产流水线的合格率是 98%。

二、区间估计

区间估计(interval estimator)是在一定概率保证下，根据样本指标和极限抽样误差去推断总体相应指标的可能范围的估计方法。由于点估计量与总体的未知参数并不完全相等，故它们之间必然存在着一定的误差，并且不能确知误差的大小、估计精度的高低以及估计的可信程度等信息。为此区间估计将考虑这些因素，即根据样本统计量及估计的可能误差，找出在一定保证程度下的估计区间，即置信区间。

第四节　必要抽样数目的确定

在抽样调查中，把抽样数目大于 30 的样本称为大样本，而把抽样数目小于 30 的样本称为小样本。抽样一般采用大样本，但抽样数目的多少不仅仅与抽样误差有关系，还与调查费用有直接关系。如果抽样数目过大，虽然抽样误差很小，但调查工作量增大、耗用的时间和经费太多，体现不出抽样调查的优越性。反之，如果抽样数目太小、抽样误差增大，抽样推断可能导致失误。所以，在抽样设计中科学确定必要的抽样数目非常重要。必要的抽样数目就是指使抽样误差不超过给定的允许范围至少应抽取的样本单位数目。

一、影响抽样数目的主要因素

(一)总体方差(或总体标准差 σ)

在其他条件不变的情况下，总体单位的差异程度大，则应多抽；反之可少抽一些。在抽样之前，如果不知道总体方差的实际值，也无样本资料代替，就用以前同类调查的资料代替。如果有多个方差数值可供选择，应选其中最大的方差。

(二)允许误差范围(Δ)

允许误差增大，意味着推断的精度要求降低，在其他条件不变的情况下，必要的抽样数目可减少；反之，缩小允许误差，就增加必要的抽样数目。

(三)置信度($1-\alpha$)

因 P 与 Z 是同方向变化的，所以在其他条件不变的情况下，要提高推断的置信程度，就必须增加抽样数目。

(四)抽样组织方式

由于不同抽样组织方式有不同的抽样误差,所以在误差要求相同的情况下,不同抽样组织方式所必需的抽样数目也不同。一般说来,其他条件不变时,分层抽样、等距抽样和整群抽样都比简单抽样的精确度高,在相同精确度条件下所需要的样本必要数目少。

二、确定抽样数目的方法

在进行抽样调查之前应先确定总体范围,并对总体的每个单位进行编号,形成明确的抽样框。所谓抽样框就是指可用选择作为样本的许多单位或个体所组成的总体,然后用抽签的方式或根据随机数表来抽选必要的单位数。

(一)重复抽样的必要样本容量

1. 平均数的必要抽样数目公式

$$样本容量\ n=(\frac{t\sigma}{\Delta})^2$$

2. 成数的必要抽样数目公式

$$样本容量\ n=\frac{t^2P(1-P)}{\Delta^2}$$

(二)不重复抽样的必要样本容量

$$样本容量\ n=\frac{t^2\sigma^2}{\Delta^2+\frac{t^2\sigma^2}{N}}$$

[**例 8—12**] 浩龙食品公司要检验本月生产的 10 000 袋调料产品的重量,根据上月资料,这种产品每袋重量的标准差为 25 克。要求在 95.45%的概率保证程度下,平均每袋重量的误差范围不超过 5 克,应抽查多少袋产品?

即已知 $N=10\ 000$,$\alpha=25$,由 $1-\alpha=95.45\%$查得 $t=2$,$\Delta\leqslant5$,求 n 的值。

采用不重复抽样法,$n=\frac{t^2\sigma^2}{\Delta^2+\frac{t^2\sigma^2}{N}}=2^2\times25^2/(5^2+25^2/10\ 000)=99.75$(袋),取 100 袋

采用重复抽样法,$n=\left(\frac{t\sigma}{\Delta}\right)^2=2^2\times25^2/5^2=100$(袋)

为什么这两个公式计算的结果非常接近?因为总体单位总数很多的缘故。当 N 很大时,使 $t^2\sigma^2/N$ 趋近于 0,两个公式趋于相等。因此,在实际抽样工作中,往往用重复抽样公式来计算应抽取的样本容量数目,既经济又有保证。

本章小结

1.抽样调查又称抽样推断或抽样估计,是从总体中按随机原则抽取一部分样本进行观测,并根据这部分样本的资料推断总体数量特征的一种方法。抽样调查具有四大特点:

(1)它是由部分推算整体的一种方法;(2)它是建立在随机抽样的基础上的;(3)它是运用概率估计的方法;(4)它的误差可以事先计算并加以控制。

2.抽样调查包括简单随机抽样、分层抽样、等距抽样、整群抽样。各种抽样方式有各自的优缺点,我们可以根据所选样本的特点,选择合适的抽样方法。

3.抽样误差是指样本指标与被它估计的总体相应指标之间的离差。影响抽样误差的主要因素有:(1)目标总体的变异程度;(2)样本容量;(3)抽样方式;(4)抽样的组织形式。

4.总体指标的推断有点估计和区间估计两种方法。点估计也叫定值估计,它是以抽样得到的样本指标作为总体指标的估计值,同时给出极限误差和相应的可靠程度的一种估计方法。在实践中,对总体的特征值(如平均数、成数等)估计,主要借助于点估计。区间估计是在一定概率保证下,根据样本指标和极限抽样误差去推断总体相应指标的可能范围的估计方法。

技能训练

一、单项选择题

1.(　　)方法只在各类型的总体单位数相等或差异不大时才使用。

A. 等数分配类型抽样　B. 整群抽样　C. 不等比例抽样　D. 等比例抽样

2. 某地区有 1 000 户居民,欲抽取 5%进行调查,了解居民户对消费者权益的认知状况,先将居民户按顺序排队并分成 50 个组,每组 20 户,第一组随机抽出编号为 6 号居民户,其他各组抽中的居民户编号依次为 26 号、46 号、……、986 号,这种抽样方式是(　　)。

A. 简单随机抽样　B. 类型抽样　C. 等距抽样　D. 整群抽样

3. 抽样平均误差公式不重置抽样和重置抽样相比,多了一个修正系数(　　)。

A. $1-\frac{n}{N}$　B. $\frac{1}{N-2}$　C. $\frac{1}{N-1}$　D. $\frac{n}{N}$

4. 抽样平均误差,确切地说是所有样本指标(样本平均数和样本成数)的(　　)。

A. 平均差　B. 全距　C. 标准差　D. 离差系数

5. 抽样调查的目的是为了(　　)。

A. 掌握总体单位的情况　B. 抽样估计

C. 计算样本平均指标　D. 计算成数

6. 抽样平均误差的实质是(　　)。

A. 总体标准差　B. 抽样总体的标准差

C. 抽样误差的标准差　D. 样本平均数的标准差

7. 从含有 N 个元素的总体中抽取 n 个元素作为样本,使得总体中的每一个元素都有相同的机会(概率)被抽中,这样的抽样方式称为(　　)。

A. 简单随机抽样　B. 分层抽样　C. 系统抽样　D. 整群抽样

8. 为了了解某地区职工的劳动强度和收入状况,并对该地区各行业职工的劳动强度和收入情况进行对比分析,有关部门需要进行一次抽样调查,应该采用(　　)。

A. 分层抽样　B. 简单随机抽样　C. 等距抽样　D. 整群抽样

9. 一般说来,使样本单位在总体中分布最不均匀的抽样组织方式是(　　)。

A. 简单随机抽样　B. 分层抽样　C. 等距抽样　D. 整群抽样

10. 某品牌袋装糖果重量的标准是(500±5)克。为了检验该产品的重量是否符合标准,现从某日生产的这种糖果中随机抽查 10 袋,测得平均每袋重量为 498 克。下列说法中错误的是(　　)

A. 样本容量为 10　B. 抽样误差为 2

C、样本平均每袋重量是估计量　D. 498 是估计值

11. 从总体中选取样本进行调查时,必须遵循的基本原则是(　　)。

A. 可靠性　B. 随机性　C. 代表性　D. 及时性

12. 在重复的简单随机抽样中,当概率保证程度(置信度)从 68.27%提高到 95.45%时(其他条件不变),必要的样本容量将会(　　)。

A. 增加一倍　B. 增加两倍　C. 增加三倍　D. 减少一半

13. 在其他条件不变的情况下，抽样单位数增加一半，则抽样平均误差(　　)。

A. 缩小为原来的81.6%　B. 缩小为原来的50%

C. 缩小为原来的25%　D. 扩大为原来的四倍

14. 抽样推断的主要目的是(　　)。

A. 广泛运用数学方法　B. 计算和控制抽样误差

C. 修正普查的资料　D. 用样本指标来推断总体指标

15. 成数是(　　)。

A. 比例相对数　B. 比较相对数　C. 结构相对数　D. 强度相对数

二、多项选择题

1. 影响抽样平均误差的因素有(　　)。

A. 总体标志变异程度　B. 样本容量　C. 抽样方式　D. 抽样的组织形式

E. 样本指标值的大小

2. 提高抽样推断的可靠程度可采用的方法有(　　)。

A. 扩大估计值的误差范围　B. 缩小估计值的误差范围

C. 增大概率度　D. 缩小概率度

3. 抽样推断中，常用的总体参数有(　　)。

A. 统计量　B. 总体均值　C. 总体成数　D. 总体方差

4. 对于总体、样本及其指标的认识，正确的有(　　)。

A. 总体是唯一确定的，样本是随机的　B. 总体指标是确定不变的

C. 抽样指标是样本变量的函数　D. 抽样指标也是随机变量

5. 在抽样推断中，样本就是(　　)。

A. 抽样框　B. 推断对象的总体　C. 子样　D. 样本个数

E. 代表总体的那部分单位的集合体

6. 在抽样调查中(　　)。

A. 全及总体是唯一确定的　B. 全及指标是唯一确定的

C. 抽样总体是不确定的　D. 抽样指标是随机变量

7. 抽样估计的抽样平均误差(　　)。

A. 是不可避免要产生的　B. 是可以通过改进调查方法消除的

C. 是可以事先计算的　D. 只有调查结束之后才能计算

8. 在全及总体中抽取样本单位的方法有(　　)。

A. 简单随机抽样　B. 重复抽样　C. 不重复抽样　D. 整群抽样

9. 在抽样推断中，样本单位数的多少取决于(　　)。

A. 总体标准差的大小　B. 允许误差的大小

C. 抽样估计的把握程度　D. 抽样方法和组织形式

10. 影响抽样误差大小的因素有(　　)。

A. 总体各单位标志值的差异程度　B. 调查人员的素质

C. 样本各单位标志值的差异程度　D. 抽样组织方式

E. 样本容量

三、判断题(把"√"或"×"填在题后的括号里)

1. 样本各单位标志值的差异程度影响抽样平均误差的大小。(　　)

2. 抽样调查可以设计得不存在抽样误差。(　　)

3. 样本各单位标志值的差异程度影响抽样平均误差的大小。 ( )

4. 在误差要求相同的情况下，不同抽样组织方式所必需的抽样数目也不同。 ( )

5. 重复抽样与不重复抽样除了每一个总体单位的中选概率有差别之外，可能组成的样本数目也是不同的。 ( )

6. 随机数表法适合用于总体单位数较少的总体。 ( )

四、业务题

1. 润华厂对一批产品进行质量检验，这批产品总数为5 000瓶，过去几次同类调查所得的产品合格率为93%，95%和96%，为了使合格率的允许误差不超过3%，在99.73%的概率下采用重复抽样法应抽查多少瓶产品？

2. 某市居民人均月消费支出的标准差为2 000元。假定想估计人均月消费支出9%的置信区间，希望允许误差为100元，应抽取多大的样本容量？

3. 一批商品(10 000件)运抵仓库，随机抽取100件检验其质量，发现有10件不合格。试按重复与不重复抽样分别计算合格率抽样平均误差。

4. 对某型号电子元件10 000只进行耐用性能调查。根据以往抽样测定，求得耐用时数的标准为600小时。在重复抽样条件下：

(1)概率保证程度为68.27%，元件平均耐用时数的误差范围不超过150小时，要抽取多少元件做检查？

(2)根据以往抽样检查知道，元件合格率为95%，合格率的标准差为21.8%，要求在99.73%的概率保证下，允许误差不超过4%，试确定重复抽样所需抽取的元件数目是多少？

5. 从全校近万名学生中，随机抽取100名学生的平均身高为160厘米，根据计算，学生身高的标准差为3厘米。已知可信度要达到95.45%，试对全体学生的平均身高进行估计。

6. 某公司设计一种新式产品，为了预测销路，随机抽取了900人进行了调查，结果有720人表示可以购买。如果要求极限误差不超过3.5%，试估计该产品可以销售的比率。

(1)根据样本资料，计算样本成数及平均误差；

(2)根据给定的极限误差3.5%，计算上限和下限；

(3)计算可靠程度；

(4)计算点估计和区间估计。

第九章

相关分析与回归分析

【学习目标】

1. 掌握相关分析的概念、分类及与函数关系的区别；
2. 能够利用相关系数对相关关系进行测定，并且掌握相关函数的性质；
3. 明确相关分析与回归分析各自的特点以及它们的区别与联系；
4. 掌握回归分析的基本理论和方法。

【案例引导】

有15家工厂，序号分别为1，2，…，15，各厂的投入成本记为x，所有产出记为y。各厂家的投入和产出关系如下表所示，同学们根据这些数据，可以认为投入和产出之间存在相关性吗？

厂家	1	2	3	4	5	6	7	8	9	10	11	12	14	15
投入	20	40	20	30	10	10	20	20	20	30	20	35	10	30
产出	30	60	40	60	30	40	40	50	30	50	35	55	25	70

为什么我们要研究投入与产出的关系？如果有关系，二者又是什么关系？这种研究有什么意义？这样的关系我们可以通过什么来表述？你们知道吗？

研究人员可以通过上述数据探索投入与产生是否存在某种关系，若存在，那么这种关系如何帮助我们在未来生产中为提高产量做出决策。对于二者之间的关系，我们可以通过建立相应模型，用回归分析来描述。

那么什么是回归分析？怎样建立回归模型呢？让我们通过本章内容的学习来了解一下。

第一节 相关分析的一般问题

一、变量之间的关系

在客观世界中，任何事物或现象都不是孤立存在的，而是普遍联系、相互制约的。表现在数量关系上，就是一种现象发生数量上的变化，就会影响到与它有关的现象，也会发生某种程度的数量上的变化。如家庭收入与支出之间，温度、湿度变化对农作物的影响等，都存在一定的数量上的依存关系。

客观现象之间的数量依存关系可以分为两种不同的类型：函数关系与相关关系。

(一)函数关系(确定性关系)

函数关系指现象间在数量上存在着确定的、严格对应的依存关系。这种关系的特点是对于某一变量的每一个数值，都有另一个变量的确定的值与之相对应，并且这种关系可以用精确的数学函数式表示出来。

设有两个变量 x 和 y，变量 y 随变量 x 一起变化，并完全依赖于 x，当变量 x 取某个数值时，y 依确定的关系取相应的值，则称 y 是 x 的函数，记为 $y=f(x)$，其中 x 称为自变量，y 称为因变量。若两个现象 x、y 有严格的直线依存关系，则其函数关系如图 9－1 所示。

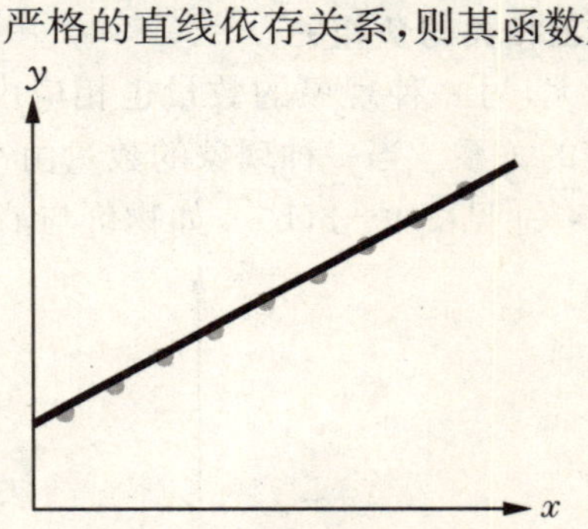

图 9－1 x、y 的函数关系

(二)相关关系(非确定性关系)

相关关系是指现象之间客观存在的、在数量关系上数值不确定的相互依存关系。如收入(y)与教育程度(x)之间的关系，产量(y)与施肥量(x_1)、降雨量(x_2)、温度(x_3)之间显然存在相关关系。若现象间这种不严格的依存关系近似于一种直线关系，则其相关关系如图 9－2 所示。

(三)函数关系与相关关系

1. 区别

函数关系反映完全确定性的数量关系，而相关关系表明的不是完全确定性的数量关系。

2. 联系

在研究相关关系时，常常用函数关系的形式来表现，以便找到相关关系的一般数量表现形式。

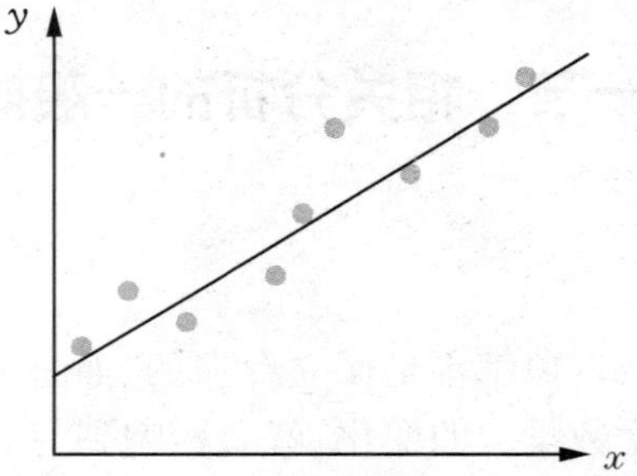

图 9—2　x、y 的相关关系

二、相关关系的种类

(一)按相关程度划分为完全相关、不完全相关和不相关

当一种现象的数量变化完全由另一种现象的数量变化所确定时,称这两种现象间的关系为完全相关;当两种现象彼此互不影响,其数量变化各自独立时,称为不相关现象。两种现象之间的关系介于完全相关和不相关之间称为不完全相关。一般的相关现象都是指这种不完全相关。

(二)按相关的方向划分为正相关与负相关

当一种现象的数量由小变大,另一种现象的数量也相应由小变大,这种相关称为正相关[见图 9—3(a)];如收入与消费的关系。当一种现象的数量由小变大,另一种现象的数量也相应由大变小,这种相关称为负相关[见图 9—3(b)],如物价与消费的关系。

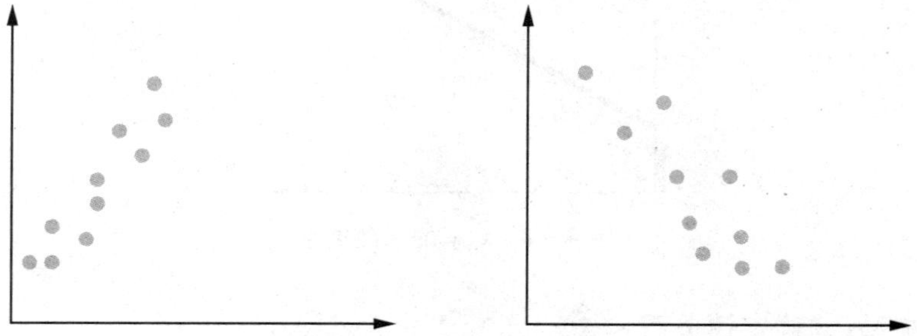

(a)正相关　　(b)负相关

图 9—3　正相关与负相关

(三)按相关形式划分为线性相关与非线性相关

当两种现象之间的关系大致呈线性关系时,称为线性相关[见图 9—4(a)、(b)];如果两种相关现象之间并不表现为直线的关系,而是近似于某种曲线方程的关系,则这种相关关系称为非线性相关[见图 9—4(c)]。

(四)按变量多少划分单相关、复相关与偏相关

两个现象的相关即一个变量对另一个变量的相关关系,称为单相关;当所研究的是一个变量对两个或两个以上其他变量的相关关系时,称为复相关。例如,某种商品的需求与其价格水平以及收入水平之间的相关关系便是一种复相关。在某一现象与多种现象相关的场合,当假定其他变量不变时,其中两个变量的相关关系称为偏相关。例如,在假定人们的收入水平不变的条件下,某种商品的需求与其价格水平的关系就是一种偏相关。

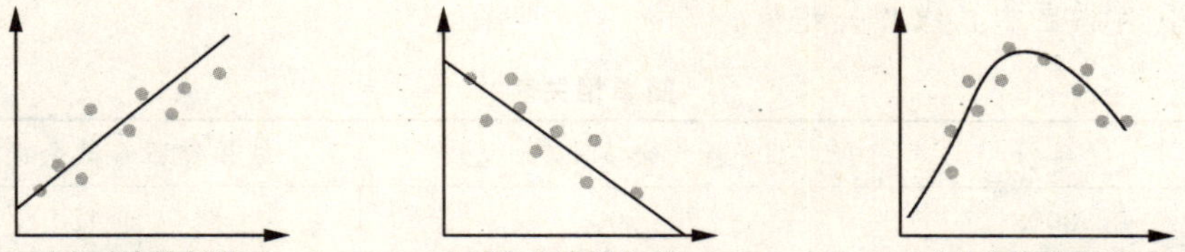

图 9—4　线性相关与非线性相关

第二节　简单线性相关分析

一、相关关系的一般判断

进行相关关系分析，首先要判断现象之间是否存在相关关系。判断现象间是否存在相关关系，一般可对现象进行定性分析、定量分析、编制相关表和绘制相关图。

(一)定性分析

对现象进行定性分析，就是根据现象性质的规定性，运用理论知识、专业知识、实际经验来进行判断和分析。例如，根据经济理论来判别居民的货币收入与社会商品购买力是否存在相关关系；根据生物遗传理论，来判别父辈的身高与子辈的身高是否存在相关关系等。

(二)定量分析

在定性分析的基础上，通过编制相关表、绘制相关图、计算相关系数等方法，来判断现象之间相关的方向、形态及密切程度。

(三)相关表

相关表是将自变量 x 的数值按照从小到大的顺序，并配合因变量 y 的数值一一对应而平行排列的表。相关表分为简单相关表和分组相关表，分组相关表又包含单变量分组相关表与双变量分组相关表。如为了研究分析某种劳务产品完成量与其单位产品成本之间的关系，调查 30 个同类服务公司得到的原始数据相关表。

[例 9—1]　某市 2008～2015 年的工资性现金支出与城镇储蓄存款余额的资料如表9—1和图 9—5 所示。

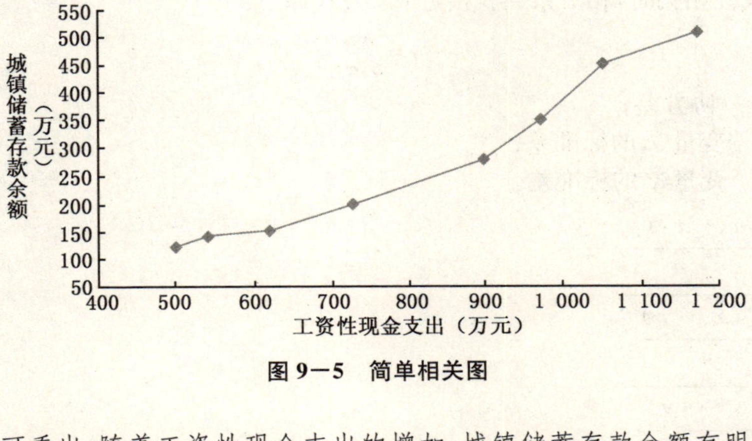

图 9—5　简单相关图

从表 9—1 可看出，随着工资性现金支出的增加，城镇储蓄存款余额有明显的增长趋势。

所以，图 9—5 有明显的直线相关趋势。

表 9—1　　简单相关表

序号	年份	工资性现金支出（万元）x	城镇储蓄存款余额（万元）y
1	2008	500	120
2	2009	540	140
3	2010	620	150
4	2011	730	200
5	2012	900	280
6	2013	970	350
7	2014	1 050	450
8	2015	1 170	510

（四）相关图

又称散点图，即将 x 置于横轴上，y 置于纵轴上，(x,y) 绘于坐标图上。用来反映两变量之间相关关系的图形。

在相关图中，若相关点呈现出一定的规律性，如大致为一条直线或一条曲线，表明现象间存在相关关系，且为直线相关或曲线相关。相关点越密集，表明相关关系越密切。若相关点分布毫无规律，则表明现象间无相关关系或存在低度的相关关系。

二、相关系数

如何在数量上描述相关呢？下面引进几种对相关程度的度量。

相关系数（coefficient of correlation）是对变量之间关系密切程度的度量，对两个变量之间线性相关程度的度量称为简单相关系数。若相关系数是根据总体的全部数据计量的，称为总体相关系数，记为 ρ；若是根据样本数据计算的，则称为样本相关系数（又叫 Pearson 相关系数），记为 r。

r 是由两个变量的样本取值得到的，这是一个描述线性相关强度的量，取值于 -1 和 $+1$ 之间。当两个变量有很强的线性相关时，相关系数接近于 1（正相关）或 -1（负相关），而当两个变量不那么线性相关时，相关系数就接近 0。公式如下：

$$r=\frac{\sigma_{xy}^2}{\sigma_x\sigma_y}$$

式中：σ_{xy}^2——协方差；

σ_x——变量 x 的标准差；

σ_y——变量 y 的标准差。

$$\sigma_{xy}^2=\frac{\sum(x-\bar{x})(y-\bar{y})}{n}$$

$$\sigma_x=\sqrt{\frac{\sum(x-\bar{x})^2}{n}}$$

$$\sigma_y=\sqrt{\frac{\sum(y-\bar{y})^2}{n}}$$

由此可推导：

$$r=\frac{\sum(x-\bar{x})(y-\bar{y})}{\sqrt{\sum(x-\bar{x})^2\sum(y-\bar{y})^2}}$$

$$=\frac{\sum n\sum xy-\sum x\sum y}{\sqrt{n\sum x^2-(\sum x)^2}\sqrt{n\sum y^2-(\sum y)^2}}=\frac{L_{xy}}{\sqrt{L_{xx}L_{yy}}}$$

其中：$L_{xx}=\sum(x-\bar{x})^2=\sum x-\frac{(\sum x)^2}{n}$

$$L_{xy}=\sum(y-\bar{y})^2=\sum y^2-\frac{(\sum y)^2}{n}$$

$$L_{xy}=\sum(x-\bar{x})(y-\bar{y})=\sum xy-\frac{\sum x\sum y}{n}$$

式中，r 的取值范围是$[-1,1]$，$|r|=1$ 时，为完全相关；$r=1$ 时，为完全正相关，$r=-1$ 时，为完全负相关，$r=0$，不存在线性相关关系，$-1\leqslant r<0$ 时，两变量为负相关，$0<r\leqslant 1$ 时，两变量为正相关，$|r|$越趋于 1 表示关系越密切，$|r|$越趋于 0 表示关系越不密切。

相关系数有一个明显缺点：它接近于 1 的程度与样本容量 n 有关，容易造成一种假象。因为当 n 较小时，相关系数的波动（或差异）比较大，有些样本相关系数容易接近 1；当 n 较大时，相关系数绝对值容易偏小。如 $n=2$ 时，相关系数绝对值总为 1（两点连线总为一条直线）。因为当样本容量 n 较小时，仅凭相关系数较大还不足以说明变量 x 与 y 有密切关系。

[例 9—2] 用例 9—1 的数据计算如下：

序号	年 份	x（万元）	y（万元）	x^2	y^2	xy
1	2008	500	120	250 000	14 400	60 000
2	2009	540	140	291 600	19 600	75 000
3	2010	620	150	384 400	22 500	93 000
4	2011	730	200	532 900	40 000	146 000
5	2012	900	280	810 000	78 400	252 000
6	2013	970	350	940 900	122 500	339 500
7	2014	1 050	450	1 102 500	202 500	472 500
8	2015	1 170	510	1 368 900	260 100	596 700
合计		6 480	2 200	5 681 200	760 000	2 035 300

$$r=\frac{n\sum xy-(\sum x)(\sum y)}{\sqrt{n\sum x^2-(\sum x)^2}\sqrt{n\sum y^2-(\sum y)^2}}$$

$$=\frac{8\times 2\ 035\ 300-6\ 480\times 2\ 200}{\sqrt{8\times 5\ 681\ 200-6\ 480^2}\sqrt{8\times 760\ 000-2\ 200^2}}=\frac{2\ 026\ 400}{1\ 859\times 1\ 114}=0.98$$

三、简单线性相关分析的特点

（1）两个变量是对等关系。直线相关分析所研究的两个变量不分彼此，不反映任何自变量和因变量的关系，而是完全对等的。

(2)只能算出一个相关系数。相关系数是一个绝对值在0与1之间的系数，其值大小反映两变量间相关的密切程度。由于两变量的关系是对等的，改变两者的地位不影响相关系数的数值，所以只有一个相关系数。

(3)相关系数有正负号，表示正相关或负相关。

(4)相关系数的计算对资料有一定要求，相关的两个变量必须都是随机的，这也反映对等关系。

(5)计算相关系数时，所需要的两个变量的资料都可以是随机的。

帮你学

相关关系可用下图表示：

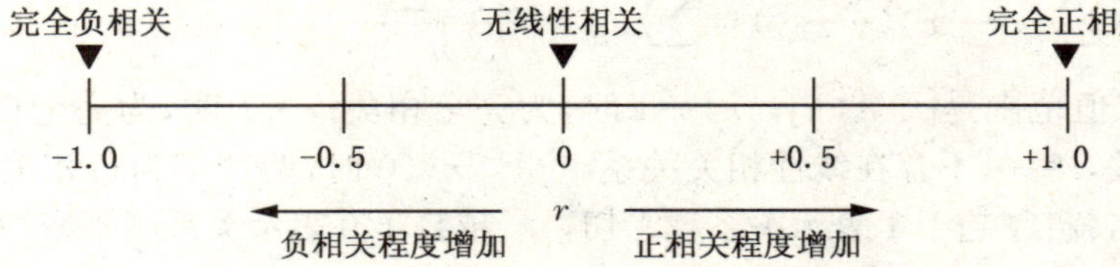

第三节 回归分析

一、回归分析的概念

“回归”一词是英国生物学家高尔顿(Francis Galton，1822～1911)首先提出的。高尔顿在研究父母亲身高和子女身高的关系时发现：身材特别高的父母所生的孩子其身材并非特别高，而身材特别矮的父母所生孩子的身材也并非特别矮，子辈身高有向父辈平均身高逼近的趋向，他把这种现象叫作“身高数值从一极端至另一极端的回归”。以后，高尔顿的学生皮尔逊(Karl Pearson，1857～1936)把回归的概念同数学的方法联系起来，把代表现象之间一般数量关系的统计模型叫作回归直线或回归曲线，从此诞生了统计上著名的回归理论。后来，回归这个词被用来泛指变量之间的一般数量关系。

回归分析，就是对具有相关关系的两个或两个以上变量之间数量变化的一般关系进行测定，确定一个相应的数学表达式，以便从一个已知量来推测另一个未知量，为估计预测提供一种重要的方法。

二、相关分析和回归分析的区别与联系

(一)相关分析与回归分析的联系

相关分析和回归分析有着密切的联系，二者具有共同的研究对象，而且在具体应用时，常常必须互相补充。相关分析需要依靠回归分析来表明现象数量相关的具体形式，而回归分析则需要依靠相关分析来表明现象数量变化的相关程度。只有当变量之间存在着高度相关时，进行回归分析寻求其相关的具体形式才有意义。

(二)相关分析与回归分析的区别

(1)相关分析研究变量之间相关的方向和程度，但不能指出变量间相互关系的具体形式，也无法从一个变量的变化来推测另一个变量的变化情况。回归分析则研究变量之间相互关系

的具体形式，它对具有相关关系的变量之间的数量联系进行测定，确定一个相关的数学方程式，根据这个数学方程式可以从已知量来推测未知量，从而为估算和预测提供一个重要的方法。

(2)相关分析可以不必确定变量中哪个是自变量、哪个是因变量，其所涉及的变量可以都是随机变量。而回归分析必须事先研究确定具有相关关系的变量中哪个为自变量、哪个为因变量。

三、回归模型的建立

在回归分析中，两个变量之间的回归称为简单回归，两个以上变量之间的回归称为复回归。无论是简单回归还是复回归，数学模型均有线性(直线)回归和非线性(曲线)回归之分。

(一)一元线性回归模型

一元线性回归模型(Simple linear regression)是用来进行两个变量间回归分析的。回归分析的重要内容之一，就是根据变量观测值构建回归直线方程，对现象间存在的一般数量关系进行描述。

1. 构建回归模型应具备的条件

(1)现象间确实存在数量上的相互依存关系。只有当两个变量存在高度密切的相关关系时，所构建的回归模型才有意义，用以进行分析和预测才有价值。

(2)现象间存在直线相关关系。一元线性回归方程在图形上表现为一条直线，因此，只有当两个变量的相关关系表现为直线相关时，所配合的直线方程才是对客观现象的真实描述，才可用来进行统计分析。如果现象间的相关关系表现为曲线，却配合为一条直线，必然会得出错误的分析结论。实际中，一般是借助散点图来判定现象是否呈直线相关。

(3)具备一定数量的变量观测值。回归直线方程是根据自变量和因变量的样本观测值求得的，因此变量 x 和变量 y 两者应有一定数量的对应观测值，这是构建直线方程的依据。如果观测太少，受随机因素的影响较大，就不易观察出现象间的变动规律性，所求出的直线回归方程也就没有多大意义了。

2. 一元线性回归的数学模型

在经济问题研究中，经常需要研究某一经济现象与影响它的某一最主要影速度影响。譬如，影响粮食产量的因素非常多，但在众多因素中，施肥量是一个最重要的因素，往往需要研究施肥量这一因素与粮食产量之间的关系；保险公司在研究火灾损失的规律时，把火灾发生地与最近的消防站的距离作为一个最重要的因素。上述几个例子都是研究两个变量之间的关系，而且它们的一个共同点是：两个变量之间有着密切的关系，但密切程度并不能由一个变量唯一确定另一个变量。那么它们之间到底有什么样的关系呢？这是我们下面要研究的问题。

(1)模型的建立。

通常我们首先要收集与所研究的问题有关的 n 组样本数据 (x_i, y_i)，$i=1,2,\cdots,n$。为了直观地发现样本数据的分布规律，我们把 (x_i, y_i) 看成是平面直角坐标系中的点。如知道月产量 y 与 x 之间的统计规律性，则可用下面的数学模型来描述它。

$$y=\beta_0+\beta_1 x+\varepsilon$$

式中：β_0，β_1——参数；

ε——随机误差项。

对于误差项，在回归分析中有如下假设：

①误差项是随机变量，它的期望值为 0。

②对于所有的 x 值，误差项的方差 σ^2 为常数。

③误差项之间相互独立，即与一个值相联系的误差对与另一个值相联系的误差没有影响。

④随机误差项服从正态分布。

由于 $E(\beta_0)=\beta_0, E(\beta_1)=\beta_1, E(\varepsilon)=0$，所以 $E(y)=\beta_0+\beta_1 x$。

不难看出，简单线性回归方程的图形是一条直线。这条直线被称为总体回归直线。β_0 是回归直线的截距，β_1 是回归直线的斜率，$E(y)$ 是给定某个 x 的值 y 的均值或期望值。由于 ε 是随机因素，通常就用 $E(y)$ 作为 y 的估计，所以：

$$\hat{y}=\hat{\beta}_0+\hat{\beta}_1 x$$

为了书写简便，通常用 a, b 代替 $\hat{\beta}_0, \hat{\beta}_1$，则：

$$\hat{y}=a+bx$$

(2)最小二乘法确定模型参数。

最小二乘法的基本原理就是寻一条总的看来离各散点最近的一条直线，使实际值与相应的理论值之间的误差达到最小，即：

$Q=\sum(y-\hat{y})^2=\sum(y-a-bx)^2$ 最小

根据微积分的极值定理，Q 最小的必要条件为：

$$\begin{cases}\dfrac{\partial Q}{\partial a}=-2\sum(y-a-bx)=0\\[2ex]\dfrac{\partial Q}{\partial b}=2\sum(y-a-bx)(-x)=0\end{cases}$$

整理后得如下方程，称最小二乘法的标准方程：

$$\begin{cases}\sum xy=a\sum x+b\sum x^2\\ \sum y=na+b\sum x\end{cases}$$

解方程得：

$$\begin{cases}b=\dfrac{n\sum xy-\sum x\sum y}{n\sum x^2-(\sum x)^2}\\[2ex]a=\dfrac{\sum y}{n}-b\dfrac{\sum x}{n}\end{cases}$$

[例 9—3] 以表 9—2 的数据拟合生产费用对产量的回归直线方程。

表 9—2　　某些企业产量与生产费用资料

企业编号	产量 x	生产费用 y	x^2	y^2	xy
1	40	130	1 600	16 900	5 200
2	42	150	1 764	22 500	6 300
3	50	155	2 500	24 025	7 750
4	55	140	3 025	19 600	7 700
5	65	150	4 225	22 500	9 750
6	78	154	6 084	23 716	12 012
7	84	156	7 056	27 225	13 860
8	100	170	10 000	28 900	17 000

续表

企业编号	产量 x	生产费用 y	x^2	y^2	xy
9	116	167	13 456	27 889	19 372
10	125	180	15 625	32 400	22 500
11	130	175	16 900	30 625	22 750
12	140	185	19 600	34 225	25 900
合计	1 025	1 921	101 835	310 505	170 094

将表中有关数据代入公式中：

$$a=\frac{\sum y}{n}-b\frac{\sum x}{n}=\frac{1\ 921}{12}-0.420\ 7\times\frac{1\ 025}{12}=124.15$$

$$b=\frac{n\sum xy-\sum x\sum y}{n\sum x^2-(\sum x)^2}=\frac{12\times 170\ 094-1\ 025\times 1\ 921}{12\times 101\ 835-(1\ 025)^2}=0.420\ 7$$

生产费用对产量的直线回归方程为；

$$\hat{y}=124.15+0.420\ 7x$$

其中，$a=124.15$（千克）的含义为生产费用的起点值，$b=0.402\ 7$ 表示产品产量每增加1 000件，生产费用平均增加0.4027千元。

从图9—6可看出相关图与回归直线的关系：

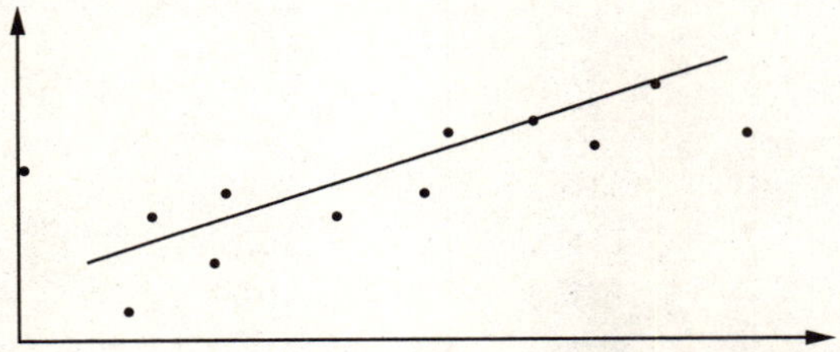

图9—6　相关图与直线成本

（二）估计标准误差（S_y）

回归方程是在线性相关条件下，反映两个变量之间一般数量关系的数学模型。根据回归直线方程，可以由自变量的给定值推算因变量的值。但是，推算出的因变量数值并不是一个精确数值，而是一个估计值和理论值。我们不仅用回归方程推算已有实际值的估计值，还要推算未知的值。这样就有了推算的值与实际值相差多大的问题。这直接关系到推算的准确性。从另一方面讲，这种差别大小也反映了回归直线的代表性大小。

估计标准误差就是用来说明回归方差推算结果的准确程度的统计分析指标，或者说是反映回归直线代表性大小的统计分析指标。

1. 估计标准误差的计算方法

（1）根据因变量实际值和估计值的离差计算。

$$S_y=\sqrt{\frac{\sum_{i=1}^{n}(y_i-\hat{y}_i)^2}{n-2}}$$

式中：S_y——估计标准误差；

y——因变量数列的实际值；

$\hat{y}$——根据回归方程推算出来的估计值。

所以 $y-\hat{y}$ 是因变量实际值和估计值的估计误差，如果将估计误差总和相加，结果是 $\sum_{i=1}^{n}(y_i-\hat{y}_i)^2$，$n$ 是因变量的项数。

从计算公式可以看出，计算的结果实际上也是个平均误差，但不是简单平均的，而是经过乘方、平均、再开方的过程，这和标准差的计算过程一样。它的作用是说明估计的准确程度，所以叫作估计标准误差，也有叫作估计标准差或回归标准差的。

［例 9—4］ 根据表 9—3 计算估计标准误差。

表 9—3　　估计标准误差

编号	x	y	$\hat{y}=22.5905+0.5301x$	$(y-\hat{y})^2$
1	274	162	167.837 9	33.927 2
2	180	120	118.008 5	3.812 2
3	375	223	221.378 0	2.484 9
4	205	131	131.261 0	0.068 1
5	86	67	68.179 1	1.236 4
6	265	169	163.067 0	35.046 6
7	98	81	74.540 3	41.496 9
8	330	192	197.523 5	30.355 1
9	195	116	125.960 0	98.970 7
10	53	55	50.685 8	18.458 4
11	430	252	250.533 5	1.996 7
12	372	234	219.787 7	201.836 2
13	236	144	147.694 7	13.492 5
14	157	103	105.816 2	7.777 1
15	370	212	218.727 5	45.105 4
合计	3 626	2 261	—	536.064 4

$$S_y=\sqrt{\frac{\sum(y-\hat{y})^2}{n-2}}=\sqrt{\frac{536.064\,4}{15-2}}=6.421\,5$$

这个数值越大，就表明估计值代表性越小，也就是相关点的离散程度越大；这个数值越小，则说明估计值的代表性越大，也就是相关点的离散程度小。如果 $S_y=0$，说明估计完全准确。

2. 根据 a，b 两个参数值计算估计标准误差

以上是用平均误差来计算估计标准误差的，比较麻烦，需计算出所有的估计值。如果已经知道直线回归方程的参数值，有一个比较简单的计算方法，公式如下：

$$\boldsymbol{S_y=\sqrt{\frac{\sum y^2-a(\sum y)-b(\sum xy)}{n-2}}}$$

承例 9—4，$S_y=\sqrt{\dfrac{395\,039-22.590\,5\times2\,261-0.530\,1\times647\,851}{15-2}}=6.421\,5$

(二)相关系数和估计标准误差的关系

两个指标在数量上具有如下关系：

$$\boldsymbol{r=\sqrt{\frac{\sigma_y^2-S_y^2}{\sigma_y^2}}=\sqrt{1-\frac{S_y^2}{\sigma_y^2}}}$$

这也是相关系数的一种计算方法，但这种方法一般不实用，因为它要求先配合回归直线，解得回归直线方程，计算出估计标准误差，然后才进行这种推算。而从认识的一般程序来讲，首先要知道现象间关系是否密切，如果关系不密切，回归直线价值不大，就不去进行下一步计算了。只有证明了相关关系比较密切、回归直线有实用价值，才去配合回归直线，用它来进行估计或预测。所以实际工作中常采用另一种推算方法，根据相关系数 r 去推算估计标准误差 S_y，公式可从上述关系公式中推演出来。

$$r=\sqrt{\frac{\sigma_y^2-S_y^2}{\sigma_y^2}}=\sqrt{1-\frac{S_y^2}{\sigma_y^2}}$$

则 $r^2=1-\frac{S_y^2}{\sigma_y^2}$

$S_y=\sigma_y\sqrt{1-r^2}$

相关系数和估计标准误差可以从不同角度说明相关关系密切与否。由于相关系数表明关系程度比较明确，而且能够直接辨别出是正相关或是负相关，所以一般情况下，相关系数用得多。

（三）应用相关分析与回归分析应注意的问题

相关分析与回归分析都是重要的统计分析方法，在统计学知识体系中占有重要的地位。它们对于人们加深现象间相互依存关系的认识、促使这种认识由定性阶段进入定量阶段具有重要意义。但应该看到，相关分析和回归分析与其他统计方法一样，也有自己的局限性。因此，在实践中应注意如下几方面的问题：

1. 注意定性分析与定量分析的结合

相关分析是分析社会经济现象之间相关关系的，相关系数的计算、回归方程的建立都是基于现象间所固有的客观联系之上的。而现象之间是否一定存在相关关系，主要是靠定性分析，即依据社会经济理论、专业知识、实际经验对事物进行分析来判定的。不通过定性分析，直接根据样本观测数据进行量化分析，构建模型，有时就可能得出错误的结论。

因为任何两列数据，即使是毫不相关的两个现象，都可以计算出相关系数，构建出回归模型。因此，相关分析中的一切量化分析都应建立在定性分析的基础之上。

2. 注意客观现象质的规定性

现象间所存在的相互依存关系都是有一定数量界限的。如施肥量与粮食产量的关系，一般地说，施肥量越多，粮食产量越高，但是超过一定的限度，施肥量增加，粮食产量可能反而下降。同样地，固定资产投资与国民经济发展速度的关系也是有一个数量界限的。

也就是说，某些现象之间的相关关系在一定的限度内是正相关，而超过某一界限，则可能是负相关；在一定的限度内是直线相关，而在另一界限内可能是曲线相关。如果进行统计分析时不加区别，不注意现象间质的数量界限，就可能影响统计分析结论的可信度。

3. 注意社会经济现象的复杂性

客观社会经济现象间彼此有着千丝万缕的联系，某一现象发生的原因有可能是另一现象出现的结果。而且，有时某一事件的出现可能导致诸多事件的发生，产生一系列的连锁反应。因此进行统计分析时，要充分考虑现象间的复杂性，注意偶然和个别因素的影响，这样才能保证统计分析的质量。

4. 注意对相关系数和回归直线方程的有效性进行检验

应该注意到，相关分析中所得出的回归系数、回归直线方程、估计标准误差等都是根据样本数据求得的，但所得的结论却是对总体的。例如，由 30 个人的身高与体重值计算出相关系数为 0.95，所得出的结论并不是说 30 个人的身高与体重存在着相关关系，而是说人的身高与体重具有相关关系。显然，这里存在一个由样本代表总体的问题。因此，使用相关系数、回归模型进行统计分析时，要对其有效性进行检验。

帮你学

1. 相关分析是回归分析的基础和前提，回归分析是相关分析的深入和继续。

2. 相关系数和估计标准误差在数值的大小上表现为相反的关系。

(1)r 值越大，说明相关程度越密切，这时 S_y 值越小，也就是相关点离回归直线比较近。当大到 $r=\pm1$ 时，$S_y=0$，这也就是完全相关。

(2)r 值越小，说明相关程度越不密切，这时 S_y 值越大，也就是相关点离回归直线比较远，当 r 值小到 0 时，$S_y=\sigma_y$，这说明相关点与回归直线的距离和相关点与 y 数列的距离一样。在这种情况下，相关点的 x 值不论怎样变化，y 的值始终不变，这当然就是不相关了。

本章小结

1. 相关关系是指现象之间客观存在的、在数量关系上数值不确定的相互依存关系。

2. 相关关系的种类：

按相关程度不同，分为完全相关、不完全相关和不相关；

按相关的方向不同，分为正相关和负相关；

按相关的形式不同，分为线性相关和非线性相关；

按变量多少，分为单相关、复相关与偏相关。

3.简单线性相关分析的特点：为(1)两个变量是对等关系；(2)只能算出一个相关系数。(3)相关系数有正负号，表示正相关或负相关；(4)相关系数的计算对资料有一定要求，相关的两个变量必须都是随机的，这也反映对等关系。(5)计算相关系数时，所需要的两个变量的资料都可以是随机的。

4.回归分析，就是对具有相关关系的两个或两个以上变量之间数量变化的一般关系进行测定，确定一个相应的数学表达式，以便从一个已知量来推测另一个未知量，为估计预测提供一种重要的方法。

5.应用相关分析与回归分析应注意：

(1)定性分析与定量分析的结合；(2)客观现象质的规定性；(3)社会经济现象的复杂性；(4)对相关系数和回归直线方程的有效性进行检验。

技能训练

一、单项选择题

1. 下面的关系中不是相关关系的是(　　)。

A. 身高与体重之间的关系　　B. 工资水平与工龄之间的关系

C. 农作物的单位面积产量与降雨量之间的关系　　D. 圆的面积与半径之间的关系

2. 具有相关关系的两个变量的特点是(　　)。

A. 一个变量的取值不能由另一个变量唯一确定

B. 一个变量的取值由另一个变量唯一确定

C. 一个变量的取值增大时，另一个变量的取值也一定增大

D. 一个变量的取值增大时，另一个变量的取值肯定变小

3. 下面的假定中，(　　)属于相关分析中的假定。

A. 两个变量之间是非线性关系

B. 两个变量都是随机变量

C. 自变量是随机变量，因变量不是随机变量

D. 一个变量的数值增大，另一个变量的数值也应增大

4. 如果一个变量的取值完全依赖于另一个变量，各观测点落在一条直线上，则称这两个变量之间为(　　)。

A. 完全相关关系　　B. 正线性相关关系

C. 非线性相关关系　　D. 负线性相关关系

5. 下面的相关系数取值错误的是(　　)。

A. −0.86　　B. 0.78　　C. 1.25　　D. 0

6. 设产品产量与产品单位成本之间的线性相关关系为−0.87，这说明二者之间存在着(　　)。

A. 高度相关　　B. 中度相关　　C. 低相关　　D. 极弱相关

7. 在相互依存的两个变量中，根据研究的目的，将其中一个变量定为自变量，另一个变量定为(　　)。

A. 固定变量　　B. 因变量　　C. 任意变量　　D. 自变量

8. 如果一个变量的数量变化，由另一个变量的数量变化唯一确定，这时两个变量间的关系称为(　　)。

A. 单相关　　B. 复相关　　C. 不完全相关　　D. 完全相关

9. 如果两个变量之间存在负相关关系，下列回归方程中肯定有误的是(　　)。

A. $\hat{y}=25-0.75x$　　B. $\hat{y}=-120+0.86x$　　C. $\hat{y}=200-2.5x$　　D. $\hat{y}=-34-0.74x$

10. 说明回归方程拟合优度的统计量是(　　)。

A. 相关系数　　B. 回归系数　　C. 判定系数　　D. 估计标准误差

11. 在计算相关系数时，要求相关的两个变量(　　)。

A. 都是随机变量　　B. 都是非随机变量

C. 一个是随机变量，另一个是非随机变量　　D. 区分出因变量和自变量

12. 对具有因果关系的现象进行回归分析时(　　)。

A. 只能将原因作为自变量　　B. 只能将结果作为自变量

C. 二者均可作为自变量　　D. 没有必要区分自变量

13. 一个由100名年龄在30～60岁的男子组成的样本，测得其身高与体重的相关系数 $r=0.45$，则下列陈述中不正确的是(　　)。

A. 较高的男子趋于较重　　B. 身高与体重存在低度正相关

C. 体重较重的男子趋于较高　　D. 较高的男子45%趋于较重

14. 下列回归方程中肯定有误的是(　　)。

A. $y=15-0.48x, r=0.65$　　B. $y=-15-1.35x, r=-0.81$

C. $y=-25+0.85x, r=0.42$　　D. $y=120-3.56x, r=-0.96$

15. 若变量 x 与 y 之间的相关系数 $r=0.8$，则回归方程的判定系数 R^2 为(　　)。

A. 0.8　　B. 0.89　　C. 0.64　　D. 0.40

16. 相关关系与函数关系之间的联系体现在(　　)。

A. 相关关系普遍存在，函数关系是相关关系的特例

B. 函数关系普遍存在，相关关系是函数关系的特例

C. 相关关系与函数关系是两种完全独立的现象

D. 相关关系与函数关系没有区别

17. 当一个现象的数量由小变大，而另一个现象的数量相反地由大变小时，这种相关关系称为（　　）。

A. 线性相关　　B. 非线性相关　　C. 正相关　　D. 负相关

18. 在回归直线方程 $y=a+bx$ 中，b 表示（　　）。

A. 当 x 增加一个单位时，y 增加 a 的数量

B. 当 y 增加一个单位时，x 增加 b 的数量

C. 当 x 增加一个单位时，y 的平均增加量

D. 当 y 增加一个单位时，x 的平均增加量

19. 若估计标准误 S_y 等于因变量的标准差 σ_y，则说明回归方程（　　）。

A. 很有意义　　B. 毫无价值　　C. 计算有误　　D. 问题不成立

20. 相关系数的取值范围是（　　）。

A. $-1<r<1$　　B. $0\leqslant r\leqslant 1$　　C. $-1\leqslant r\leqslant 1$　　D、$|r|>1$

二、多项选择题

1. 下列现象不具有相关关系的有（　　）。

A. 人口自然增长率与农业贷款　　B. 存款期限与存款利率

C. 降雨量与农作物产量　　D. 存款利率与利息收入

E. 单位产品成本与劳动生产率

2. 一个由 500 人组成的成人样本资料，表明其收入水平与受教育程度之间的相关系数 r 为0.631 4，这说明（　　）。

A. 二者之间具有高度的正线性相关关系

B. 二者之间只有 63.14%的正线性相关关系

C. 63.14%的高收入者具有较高的受教育程度

D. 63.14%的较高受教育程度者有较高的收入

E. 受教育程度较高者通常有较高的收入

3. 相关关系按相关程度分为（　　）。

A. 单相关　　B. 复相关　　C. 不相关　　D. 完全相关

E. 不完全相关

4. 相关关系的判断，一般用（　　）来判断。

A. 定性分析　　B. 相关表　　C. 相关图　　D. 建立回归直线方程

E. 估计标准误差

5. 相关关系与函数关系各有不同的特点，主要体现在（　　）。

A. 函数关系是一种不严格的相互依存关系

B. 函数关系可以用一个数学表达式精确表达

C. 函数关系中各变量均为确定性的

D. 相关关系是有随机因素影响的依存关系

E. 相关关系中现象之间仍然可以通过大量观察法来寻求其变化规律

6. 估计标准误差是反映（　　）。

A. 回归方程代表性的指标　　B. 自变量离散程度的指标

C. 因变量数列离散程度的指标　　D. 因变量估计值可靠程度的指标

7. 变量之间的不完全相关可以表现为（　　）。

A. 零相关　　B. 正相关　　C. 负相关　　D. 曲线相关

8. 下列现象属于相关关系的有（　　）。

A. 家庭收入与支出的关系　　B. 圆的半径与圆的面积的关系

C. 产品产量与单位成本的关系　　　　　　　D. 施肥量与粮食单位面积产量的关系

9. 商品销售额与流通费用率，在一定条件下存在相关关系。这种相关关系属于(　　)。

A. 单相关　　　B. 复相关　　　C. 直线相关　　　D. 负相关

10. 下述关系中属于正相关的有(　　)。

A. 工业产品产量与单位成本之间的关系

B、商业企业的劳动效率与流通费用率之间的关系

C、单位产品成本与原材料消耗之间的关系

D、工业企业的劳动效率与生产单位产品的消耗时间之间的关系

三、判断题(把"√"或"×"填在题后的括号里)

1. 一项研究显示，医院的大小(用病床数 x 反映)和病人住院天数的中位数 y 正相关，这说明二者之间有一种必然的联系。(　　)

2. 正相关是指两个变量之间的变化方向都是上升的趋势。(　　)

3. 建立直线回归方程的两个变量都是随机变量。(　　)

4. 估计标准误差指的就是实际值 y 与估计值的平均误差程度。(　　)

5. 负相关是指两个变量之间的变化方向都是下降的趋势。(　　)

6. 在有限的范围内施肥量与收获率是正相关关系。(　　)

7. 负相关是指两个量之间的变化方向相反，即一个呈下降(上升)而另一个呈上升(下降)趋势。(　　)

8. 函数关系是一种完全相关关系。(　　)

9. 在其他条件不变的情况下，相关系数越大，估计标准误差就越大；反之，估计标准误差就越小。可见估计标准误差的大小与相关系数的大小是一致的。(　　)

10. 相关系数为 0 表明两个变量之间不存在任何关系。(　　)

11. 产品的单位成本随着产量增加而下降，这种现象属于函数关系。(　　)

12. 若两变量完全相关，则估计标准误为 1。(　　)

13. 当所有观察值 y 都落在回归直线上，则 x 与 y 之间的相关系数为 1。(　　)

14. 不具有因果关系的两个变量的相关关系为 0。(　　)

四、业务题

1. 在研究某地人均消费水平的问题中，把该地区人均消费额记为 y，把人均居民收入记为 x。我们收集到 2003～2015 年的样本数据(x_i, y_i)，$i=1,2,\cdots,13$。根据下表，计算相关系数。

某地人均居民收入与人均消费金额数据

年份	人均居民收入	人均消费金额	年份	人均居民收入	人均消费金额
2003	393.8	249	2010	1 068.8	643
2004	419.14	267	2011	1 169.2	690
2005	460.86	289	2012	1 250.7	713
2006	544.11	329	2013	1 429.5	803
2007	668.29	406	2014	1 725.9	947
2008	737.73	451	2015	2 099.5	1 148
2009	859.97	513			

2. 根据下表的资料，计算 12 个企业产量与生产费用之间的简单相关系数。

企业编号	产量 x	生产费用 y	x^2	y^2	xy
1	40	130	1 600	16 900	5 200
2	42	150	1 764	22 500	6 300
3	50	155	2 500	24 025	7 750
4	55	140	3 025	19 600	7 700
5	65	150	4 225	22 500	9 750
6	78	154	6 084	23 716	12 012
7	84	156	7 056	27 225	13 860
8	100	170	10 000	28 900	17 000
9	116	167	13 456	27 889	19 372
10	125	180	15 625	32 400	22 500
11	130	175	16 900	30 625	22 750
12	140	185	19 600	34 225	25 900
合计	1 025	1 921	101 835	310 505	170 094

3. 根据下表计算直线回归方程。

序号	年份	x(万元)	y(万元)	x^2	y^2	xy
1	2008	500	120	250 000	14 400	60 000
2	2009	540	140	291 600	19 600	75 000
3	2010	620	150	384 400	22 500	93 000
4	2011	730	200	532 900	40 000	146 000
5	2012	900	280	810 000	78 400	252 000
6	2013	970	350	940 900	122 500	339 500
7	2014	1 050	450	110 250	202 500	472 500
8	2015	1 170	510	136 890	260 100	596 700
合计	—	6 480	2 200	568 120	760 000	2 035 300

4. 某种产品的产量与单位成本资料如下表所示：

产量(千件)	单位成本(元/件)
2	73
3	72
4	71
3	73
4	69
5	68

要求：(1)计算相关系数 r，判断其相关方向和程度；(2)建立直线回归方程。

5. 有几个地区的统计资料如下：

单位:亿元

国内生产总值	财政收入	银行年末存款余额
2.2	0.8	0.2
2.4	0.9	0.4
2.5	1.0	0.5
2.7	1.2	0.7
2.9	1.4	0.6
3	1.5	0.8
15.7	6.8	3.2

要求:(1)计算国内生产总值与财政收入的相关系数;

(2)计算财政收入与银行年末存款余额的相关系数;

(3)建立国内生产总值与财政收入的直线回归方程。

参考文献

(1)宋光辉:《管理统计学》,华南理工大学出版社 2003 年版。

(2)徐建中等:《应用统计学》,哈尔滨工程大学出版社 2004 年版。

(3)胡培等:《管理统计学》,高等教育出版社 2007 年版。

(4)杨晓非:《统计方法实务》,中国财政经济出版社 2008 年版。

(5)李卉研、刘暐:《统计学》,电子工业出版社 2007 年版。

(6)闫晓波:《新编统计基础》,大连理工大学出版社 2007 年版。